Eva-Maria Ammon

Aufgestiegene Meister *bringen* Heilung für die Welt

Smaragd Verlag

Über die Autorin

Die Autorin lebt mit ihrer Familie in Norddeutschland. Hier gründete sie 1990 das Institut ISIS. Sie arbeitet seit mehr als 20 Jahren mit den Meisterebenen und gibt die Informationen in ihren Büchern und im Internet gerne an die Menschheit weiter.

Seit 1985 arbeitet sie als Autorin und spirituelle Lehrerin und hat in Zusammenarbeit mit den Aufgestiegenen Meistern die alte/neue Heilform Ancient-Master-Healing und die Delfin-Kristallpalast-Ermächtigung begründet, die uns Menschen 2001 von den Aufgestiegenen Meistern zurückgegeben wurden.

Ihr Anliegen ist es, dass möglichst viele Seelen in dieser aufregenden Zeit, in der wir jetzt leben, immer mehr sich selbst entdecken: ICH BIN göttliche Energie, göttliche Schöpferkraft und göttliche Liebe.

www.omkara.de
Email: info@omkara.de

Inhalt

Einleitung

In all den Jahren meiner spirituellen Arbeit mit Menschen in vielen Seminaren, Einzelarbeiten, aber auch im privaten Bereich, habe ich immer wieder erfahren dürfen, dass alle Menschen im Grunde ihres Wesens gleich sind und wir alle im „selben Boot“ sitzen, und mit Boot meine ich unsere Erde. Viele Lichtarbeiter bemühen sich, das Boot vor dem Umkippen zu bewahren. Dabei sind viele jedoch so sehr damit beschäftigt, ihre eigene Kleidung trocken zu halten, eine gute Figur zu machen, nett zu sein und anderen zu helfen, ihre Angst zu erlösen, dass sie dabei oft das Wesentliche vergessen, nämlich:

Zuerst heile dich selbst – und dann gib weiter,
was du weißt und erfahren hast.

Es ist ein Scherz unseres Seins, unseres normalen Tages-Bewusstseins, unserer Erziehung und Erfahrungen, dass wir immer noch glauben, uns selbst und, vor allem, anderen Menschen eine Rolle vorspielen zu müssen und doch immer diese tiefe Sehnsucht nach Authentizität in uns zu tragen. Auch die Aufgestiegenen Meister, mit denen ich seit vielen Jahren in engem Kontakt stehe, betonen immer und immer wieder, wie wichtig es ist, dass jeder Mensch aufrichtig, sprich wahrhaftig wird auf allen Ebenen des Lebens. Doch dazu gilt es erst einmal zu erkennen: ***„Wer bin ich wirklich?“***.

Denn: Jeder Mensch kann nur so wahrhaftig sein, wie er oder sie sich selbst erfahren hat und erkennt. Unter der Oberfläche von Prägungen, Erziehung, Enttäuschungen, Suche nach Liebe und Licht ist so vieles unerkannt und unbewusst, dass viele Menschen überhaupt nicht wahrhaftig sein *können* – es sei denn, sie oder er haben gelernt, sich selbst wahrzunehmen, auf die leise Stimme zu hören, die in jedem von uns wohnt, und dieses wahre Selbst – die eigene Seele – zum Ausdruck zu bringen.

Dieses Buch möchte dir daher eine praktische Hilfe sein, damit du lernen kannst, dich selbst in dir zu erfahren, wie auch deine Überzeugungen, dich selbst, die Dinge des Lebens und andere betreffend. Dazu haben wir an den Anfang einige praktische Übungen gesetzt, die anzunehmen ich dir ans Herze lege. Denn erst wenn du gelernt hast, dich selbst als Wesenheit aus dem Licht – ja, als Teil der Quelle allen Seins – zu erkennen und zu erfahren, kannst du der Welt wirklich ein Licht sein. Dann kannst du in reinem, geklärtem Herzen auch anderen Menschen helfen, sich ebenfalls selbst zu finden, damit sie sich selbst als das erkennen können, was sie wirklich sind: Ein allumfassendes Wesen, ausgestattet mit reiner Schöpferkraft, geborgen in der Liebe der Göttin, die jedoch erkannt werden möchte, so, wie jeder es ist.

Der erste biblische Auftrag der Elohim an den von „ihnen geschaffenen Menschen“ war und ist: Macht euch die Erde untertan!

Das bedeutet nun nicht, – wie es geschieht – sie auszubeuten, zu missbrauchen und zu zerstören. Nein, es bedeutet: Erkenne, Mensch, dass du zu einem vollkommenen Ausdruck der liebenden Schöpfung in einem materiellen Körper auf dieser Erde heranreifen kannst. Erkenne die Materie, liebe sie als deinen Ausdruck – als den Ausdruck der Schöpfung selbst – nimm sie an, und dann entwickle dich in die vollkommene Synthese von Vater Himmel und Mutter Erde. Entwickle dich in eine vollkommene Einheit von weiblicher und männlicher Energie hier auf dieser Erde.

In unserem Sein, in der jetzigen Zeit, haben wir uns in den Aufstieg der Erde, Gaia, integriert und somit das Universum ein großes Stück in seiner Schwingung emporgehoben.

Mögest du also mit dem ersten Teil dieses Buches dir selbst so nahekommen, dass du beginnen kannst, dich in deiner ursprünglichen Größe anzunehmen und endlich zu erkennen, dass Göttin oder Gott in dir lebendig ist. Erkenne, dass du eine erwachende Göttin, ein erwachender Gott auf dieser Erde bist, dass jeder, jede und alles ein Teil der Quelle ist, und wir alle gemeinsam einen großen Aspekt der Quelle verkörpern.

Lass dich von den Aufgestiegenen Meisterinnen und Meistern und von deiner eigenen Seele leiten, begleiten und fördern, damit auch du wie einst Jeshua/Jesus sagen kannst: „Ich bin das Licht dieser Welt!“ Erhebe dich aus der Unfreiheit deiner eigenen Begrenzungen, damit du reines Licht wirst und dieses Licht aus jeder Pore deines Körpers in diese materielle Welt strahlt, um alles zu berühren, was deinen Weg berührt. Erhebe deinen Kopf und mache dich auf: auf den Weg zu dir selbst. Lass dich begleiten von der wunderbaren Gegenwart der Aufgestiegenen Meisterinnen und Meister, die zuerst nur das Licht sehen, das von dir ausgeht. Durch deine Klärung erhellst du dein eigenes Licht und wirst somit aus den Ebenen der Meister sehr viel klarer wahrgenommen. Wenn dein Licht sich verstärkt, können sie dich mehr und mehr wahrnehmen und so sehen, wie du wirklich bist. Dann werden sie dich unterstützen, damit du deinen selbstgewählten Beitrag am globalen Aufstieg leisten kannst, der in dieser aufregenden Zeit auf unserer Erde und im menschlichen Bewusstsein stattfindet.

Am Ende dieses Handbuchs für den Aufstieg wirst du, wenn du dich bewusst geklärt hast, die feste Absicht bekundest und die notwendigen Vorbereitungen durchführst, durch Meister Saint Germain in die violette Flamme des Aufstiegs eingeweiht, um im nächsten Schritt mit Lady Kwan Yin dein Karma erlösen zu dürfen. Dies gilt dann auch für jedes neu angesammelte Karma, das du dir im täglichen Leben aus Unachtsamkeit wieder zuziehen kannst.

Die Meister haben versichert, dass sie anwesend sind, wenn du diese Zeilen liest und mit ihnen in der klaren Absicht an der Erhöhung deines Lichtpotenzials arbeitest, um dein Wesen zu erhöhen und ein Licht für dich selbst und unsere Erde zu werden. Sie werden dich auf diesem Weg gerne unterstützen, wenn dein Wille wahrhaftig ist. Sie werden dir die angebotenen Einweihungen und den Weg der Befreiung von Karma schenken, damit du in dir das Potenzial deiner wahren Göttlichkeit, einer wahrhaft liebenden Göttin, eines wahrhaft liebenden Gottes, befreien kannst. Dieses vollkommene Sein, nach dem du dich vielleicht dein ganzes Leben lang gesehnt hast, kannst du hier wieder neu entdecken. Je mehr du an und in dir selbst heil wirst, desto mehr kannst du anderen Menschen, Tieren, Pflanzen, dem Naturreich und schließlich Mutter Erde beistehen, heil und leuchtend dem Aufstieg entgegenzugehen.

Alle Menschen, die der Welt ein Licht sein wollen und ihren Hauptfokus auf den globalen Aufstieg setzen, sind die Wesenheiten auf dieser Erde, die von den Meisterinnen und Meistern besonders und verstärkt unterstützt werden. Wenn du dich also als Lichtarbeiter zum Wohl des Planeten Erde, der Menschheit und des Universums siehst, steht dir hier ein Weg zur Verfügung, der dich deinem Ziel in kurzer Zeit sehr nahebringen kann. Dann kannst auch du sagen: „Ich bin eins mit mir, eins mit Allem-was-ist!"

Ich wünsche dir dabei von ganzem Herz Erfolg, Freude, Fülle, Liebe und Freiheit von Begrenzungen auf allen Ebenen deines Seins.

Eva-Maria Ammon

Sanat Kumara

Be-geisterte Einleitung – Meine Botschaft an dich und die Welt

Ich, Sanat Kumara, Logos unseres geliebten Planeten Erde, rufe dich auf, die Wendezeit zu begrüßen. Liebe Freundin, lieber Freund des vollkommenen Lichts, wir nähern uns der alles entscheidenden Stunde und werden gemeinsam mit vielen Mitgliedern der Kumara-Familie und anderer Familien die Reise unseres Rückwegs, zurück zu den Sternen, zurück nach Hause antreten. Wir fühlen uns berufen, ***DICH****, ja, gerade DICH mitzunehmen. Willst du uns begleiten?*

Jetzt endlich ist die Zeit gekommen, auf die wir alle gewartet haben. Jetzt endlich ist die erregende Zeit, auf die wir uns in all den Zeiten auf Gaia vorbereitet haben. Jetzt endlich ist die aufregende Zeit, in der das Goldene Zeitalter beginnen kann. Beginnen muss! Beginnen wird! Beginnen möchte!

Jeder Einzelne von euch Geschwistern, die ihr auf Gaia eure Heimat gesucht und gefunden habt, ist aufgerufen. Leiste ***JETZT*** *deinen ganz persönlichen Beitrag, für den du wieder hierher gekommen bist. Jedes einzelne unserer Menschengeschwister, das erwacht, ist aufgefordert, seine wahre Seelen-Familie wieder zu finden, sie zusammenzuführen und eine neue Einheit in Liebe zu erfahren.*

Erkenne, geliebte Freundin, geliebter Freund, dass deine Familie nicht zwangsläufig jene sein muss, ja, in den meisten Fällen nicht die ist, in die du dich hineingeboren hast und in der du dann aufgewachsen bist.

Deine wahre Seelen-Familie wird sich finden und wieder vereinen. Deine wahre Familie hat eine Aufgabe, die ihr am besten gemeinsam erfüllen könnt. Denn wo zwei Menschen sich gemeinsam auf das gleiche Ziel konzentrieren, werden Wunder wahr. Freue dich, meine liebe Freundin, mein lieber Freund: Auch wir haben uns auf den Weg gemacht, in diesen Zeiten hier mit und unter euch zu sein, um euch darin zu unterstützen, euch selbst und der Erde eine Neue Zeit und eine schönere Erfahrung der Durchlichtung allen Seins zu ermöglichen. Wir werden einander erkennen, wir werden einander lieben, wir werden gemeinsam die Rückkehr antreten: die Rückkehr in eine wundervolle Zukunft. Wir werden nach Hause gehen und dieses ZUHAUSE auf dieser geliebten Erde integrieren, unsere Erfahrungen mitbringen und den Glanz des Lichts bereichern.

Endlich, geliebte Schwester, geliebter Bruder, endlich! werden wir heimkehren in den Glanz der Quelle, und endlich werden wir wissen, was es bedeutet, wahrhaft EINS zu sein. Und das alles geschieht hier in dieser Heimat, die wir uns einst erwählt haben. Mutter Erde, die wunderbare Seele, mit der ich wachsen durfte, die mit mir wuchs, so, wie mit uns allen. Mutter Erde, Gaia, die viele Zeiten durchlebt und durchlitten hat; die sich nun, nach langen Zeiten der Reife und des Wachstums selbst befreit und damit uns und euch, die ihr euch noch ihre Kinder nennt, in eine wunderbare neue Dimension erheben kann, an die so viele von euch sich wieder erinnern. Dies ist unsere Heimat-Dimension voller Liebe, Einheit, Frieden und Farben, von denen ihr bisher nur träumen könnt.

Bevor wir den Abstieg antraten, uns aus der Quelle sangen und uns für den Weg in die Erfahrung entschieden, wussten wir nicht, was Einheit ist. Wir lebten in der Einheit und besaßen keine Individualität, wie wir sie heute kennen. Wir lebten in der Einheit der Quelle, waren einfach nur EINS, ohne den Wert dessen zu begreifen, was es bedeutet, EINS zu sein.

Jetzt, meine geliebten Freunde, jetzt endlich ist diese Erfahrung für so viele von euch abgeschlossen. Jetzt endlich haben wir erfahren, wie schmerzhaft die Entfernung aus der Einheit mit Allem-was-ist ist. Wir haben erfahren, wie wertvoll es ist, wieder vereint zu sein. Vereint mit allen Seelenaspekten. Auch wenn du es noch nicht ermessen kannst, wie wundervoll, wie einzigartig es sein wird, ist das Sehnen in den Herzen so vieler Menschen vorhanden. Das Sehnen nach einer erinnerten Liebe, die wahrhaftig und echt ist. Oh, meine geliebte Freundin, mein geliebter Freund, es wird alles so viel schöner, so viel wertvoller, so viel wundervoller, als wir es uns heute vorstellen können. Nein, es ist nicht das weltliche „Friede-Freude-Eierkuchen-

Gefühl". Es sind Freude und Friede, die aus jedem einzelnen Wesen strömen, weil dieses die einzige vorhandene Natur ist, wenn die Schwere der Dualität überwunden ist.

Natürlich wird es auch in dieser Dimension Arbeit an deinem Selbst, an deinem weiteren Wachstum geben. Doch all das ist nicht mehr Mühsal, sondern Freude am Sein. Es sei denn, du entscheidest dich, einen anderen Weg zu gehen und in die Dualität zurückzukehren, um den dort verbliebenen Schwestern und Brüdern ein Licht zu sein.

Begleite mich, wundervolle Weggefährtin, Gefährte der Zeiten, auf dem Planeten Terra fünf. Begleitet mich ebenfalls, ihr Gefährten auf anderen Planeten. Lasst euch freudig von mir begleiten. Lasst euch beschreiben, wie unsere Rückkehr, die Rückkehr unserer Familie, sein wird. Reiche uns die Hand, lass dich begleiten und leiten. Wir haben die Karte für die Heimreise in dein wahres, göttliches, vollkommenes Sein.

Höre meinen Aufruf, lausche meinem Flüstern. Ich, der Behüter dieser Erde, ich, Sanat Kumara Anaris-Re, rufe dich. Rufe dich zu mir, in meine Arme, in meine allumfassende Liebe für den Planten Erde und all die Wesenheiten, die hier mit mir, mit uns aus anderen Universen ein kurzes Zwischenspiel, das Spiel der Dualität, gespielt haben. Wir haben gewonnen! Wir haben das Spiel gewonnen! Der Sieg über die Polarität ist nahe und greifbar. Nachdem wir *auf vier Planeten gescheitert sind, haben wir endlich den Sieg errungen und die Dualität in uns selbst überwunden.*

*Mein Aufruf heute geht an euch – ihr Götter von einst. Du wirst dich erinnern, du wirst erfahren, wie dein Aufenthalt auf diesem Planten begann, wie oft du gestrauchelt bist. Ich spreche genau zu **DIR**! Und **DU** wirst dich erinnern, an deine wahre Pracht, an deine wahre Größe, an deinen Glanz der Vollkommenheit. Du wirst dich erinnern, wer du wirklich bist hinter all deinen Masken, hinter all deinen anerzogenen, anerfahrenen, intellektuellen Verhaltensweisen und Glaubenssätzen.*

Freue dich, Seele, du brauchst das alles nicht mehr. Lege den überflüssigen Ballast ab, mit dem du dich selbst vom Licht entfernt hältst, mit dem du dich bis heute so oft vom Licht in dir selbst getrennt hat. Du hast dich in dieser aufregenden Zeit auf Gaia erneut inkarniert, um deine Göttlichkeit zurückzufordern. Die Göttlichkeit, die du so lange nur vergessen hast. Du wirst erkennen, dass wir Brüder und Schwestern sind. Brüder und Schwestern aus dem Licht, im Licht und in der Liebe.

Ich, Sanat Kumara, bin gewachsen in all den Jahren, die wir hier verbracht haben. Ich bin gewachsen, so, wie auch du gewachsen bist. Bruder, Schwester, nimm meine Hand, nimm meine Liebe, nimm meine Freude in dein Herz hinein und lass uns den Jubelgesang dem Universum entgegenbringen, damit die Vorboten des Lichts, die Engel im Licht, die Kunde verbreiten können:

Die Brüder und Schwestern kehren zurück in das Licht des wahren Lebens.

Brüder, Schwestern in den Himmeln des Universums: ES ist vollbracht.

Wir sind bereit, wir kommen zurück.

Wir kommen zurück in unser wahres Zuhause im Einssein mit Gaia.

Freue dich, Schwester. Freue dich, Bruder. Freut euch alle im gemeinsamen Miteinander, die ihr euch als Geschwister des Lichts empfindet. Die Trennung nimmt ein Ende. Doch zuvor sind die Reisevorbereitungen abzuschließen. Zuvor müssen wir die Koffer packen. Und hier, mit diesen Zeilen, werdet IHR, Göttinnen, Götter von einst, als die Göttinnen und Götter von morgen erfahren, was wir mitnehmen müssen.

Begleite mich auf die Entdeckungsreise zu dir selbst, zu deinem einzig wahren, lichtvollen Selbst. Auf dieser Entdeckungsreise zu dem Licht in dir liegt noch ein wenig Arbeit vor uns.

Erfahre, wer du wirklich bist.

Integriere in dein Leben – WER DU WIRKLICH BIST!

In tiefer, inniger Verbundenheit mit allem Sein auf Gaia
Sanat Kumara.

Ja, ich möchte gerne weiter informiert werden.

Bitte senden Sie mir -

Ihr Verlagsverzeichnis ☐

Seminartermine ☐

Diese Karte entnahm ich dem Buch ....

Ich fand das Buch inhaltlich ....

....

und die Gestaltung ....

Würden Sie dieses Buch weiterempfehlen? ....

Vielen Dank!

info@smaragd-verlag.de - www.smaragd-verlag.de

Absender

Name, Vorname

Straße, Hausnummer

Land, PLZ, Ort

Telefon, Fax

eMail

(Bitte in Druckbuchstaben schreiben!)

Bitte freimachen

Smaragd Verlag

In der Steubach 1

D-57614 Woldert

Kleiner Kurs in Selbstliebe und Selbsterfahrung

Um innerlich frei für den Aufstieg zu sein, ist es notwendig, dich deinen eigenen Schatten zu stellen, mit denen du dich selbst von deinem inneren göttlichen Licht entfernt hältst, und diese zu erlösen. Wo Schatten ist, muss unweigerlich auch Licht sein. Dieses Licht in dir selbst zu entdecken, befreit deine Schatten und lässt dich in deine Vollkommenheit zurückkehren. In jedem Augenblick unseres Lebens treffen wir Entscheidungen, die meistens unserem Unterbewusstsein entspringen. Je klarer du in dir selbst bist, desto leichter fällt es dir, das Licht der Urquelle zu integrieren und in die Dunkelheit zu bringen. Es wird somit ganz leicht, das Licht dann aus dir selbst erstrahlen zu lassen, um alle und jeden zu berühren, der oder die dein Leben streift.

Der größte Mangel im Leben vieler Menschen, die Lichtarbeiter sein wollen, ist mangelnde Selbstliebe und mangelndes Mitgefühl mit sich selbst. In diese Selbstliebe möchten die Aufgestiegenen Meisterinnen und Meister und auch ich dich gerne begleiten. Daher haben wir einen kleinen Kurs entwickelt, zu dem wir dich, beginnend mit dem nächsten Kapitel, einladen möchten.

Jeshua sagt ganz klar und deutlich: „Wenn ihr nicht werdet wie die Kinder, dann könnt ihr nicht in das Himmelreich eingehen."

Erkenne: Das Himmelreich liegt in dir. An keinem anderen Ort in allen Universen wirst du es finden. Der Schlüssel zu deinem Himmelreich liegt ebenfalls in dir. Werde wieder das Kind, als das du dich in dieses Leben inkarniert hast: offen, kreativ, spontan, treu, lachend, frei liebend und vollkommen göttlich. Daher übergebe ich meinem geliebten Sananda das Wort. Er möchte dir die Wichtigkeit deiner Selbstliebe aufzeigen und verständlich machen, denn er und alle Schwestern und Brüder in den lichterfüllten Universen lieben dich mit der ganzen Kraft ihrer Seelen, die alles umfangen, durchdringen und berühren, was ist.

☆☆☆

Sananda

Liebe und Selbstliebe

Geliebte im und aus dem Licht der Quelle. ICH BIN Jeshua in Sananda und begrüße dich in der allumfassenden Liebe der Vertrautheit unserer Seelen.

Wieder weile ich voller Glückseligkeit neben dir, um gemeinsam mit dir die Freudenfeier meiner Verklärung zu begehen.

Ich ehre und grüße dich, weil du heute mit mir des Wegs meiner Selbstüberwindung, meiner eigenen Einweihung und meines Aufstiegs gedenken willst, der deinen Aufstieg möglich gemacht hat und dessen Hoch-Zeit heute gekommen ist.

Ich freue mich immer, bekannte Seelen in der Nähe zu wissen, die meiner gedenken, weil du meinen Weg schon einmal begleitet hast. Sei gesegnet mit den Strahlen der Liebe aus dem Glanz der Quelle allen Seins, aller Heilung, allen Friedens. Verbinde dich energetisch wieder mit mir, und dann atme tief ein und aus, schließe kurz die Augen und empfange den Segen des Lichts.

(Öffne dich jetzt ganz den Energien von Sananda und lass dich vom Segen der Urquelle erreichen. Dann lies bitte weiter.)

Wisse, dass viele von euch, die heute wieder hier auf der Erde versammelt sind, mich in meiner Zeit begleitet haben; einige als enge Freunde, einige als Menschen, die mir besonders nahe waren, andere als Schüler meiner Mysterien, andere wiederum als Widersacher, Skeptiker und Gegner — aus Angst vor den Strafen der dunklen Seite. Schon als Kinder habt ihr vielleicht oft eine tiefe Verbundenheit zu mir gespürt und euch nach meinem Blick gesehnt. Wisset, Geliebte im Geiste, ich weile unter euch. Ich berühre euch, die ihr mich darum gebeten habt, nachts mit den Schwingen meiner Aufstiegsflammen, wenn ich euch den Segen schenke für den Aufstieg, den ihr alle herbeisehnt, der vor euch allen liegt. Doch zuvor ist noch vieles auf Erden zu erledigen, auch und ganz besonders von dir, meine Schwester, mein Bruder und ihr Freunde im Licht.

Du hast dich vor dir selbst verpflichtet, in dieser Zeit der Welt ein Licht zu sein, sonst würdest du diese Zeilen nicht lesen. Darum kläre dein Herz, deinen Geist und deine Seelenverbindungen, damit du die Licht- und Liebesschwingung in dir selbst verstärkst und auf diesem Planeten aufrechterhalten und erweitern kannst.

Mit meinem Akt des Abstiegs auf die Erde setzte ich ein Zeichen meiner Liebe für die Menschheit und für diesen wundervollen Planeten Erde. Wisse, dass dieser unser Planet, der uns allen so sehr am Herzen liegt, eine wundervolle große Seele voller Liebe ist.

Ihr redet über die Wendezeit, über die Zeit des Massenaufstiegs, und erahnt nur ungefähr, was dieses tatsächlich für die Menschheit und die Erde bedeutet. Doch wisset, das alles wird erst dann möglich sein, wenn ein großer Wandel in jedem einzelnen Menschenwesen vonstatten geht.

So viele fragen mich immer wieder voller Sehnsucht. „Sananda, wie kann ich die bedingungslose Liebe leben?“
Und doch wissen so viele von euch mit der Antwort nichts anzufangen. Ich aber sage immer und immer wieder: lebe sie!

LIEBET EINANDER, WIE ICH EUCH GELIEBT HABE!

Das heißt nun nicht, dass du dich physisch ans Kreuz schlagen lassen musst, wie die Kirchen es fordern. Doch durch einen Einweihungsweg muss ein jeder gehen, der den Weg des Aufstiegs wählt. Darum:

Befreie deine Glaubenssätze, deine Dünkel, deine dunklen, bewertenden, verurteilenden und negativen Gedanken, damit du wie „Phönix aus der Asche“ neu erwachen kannst.

Sananda fordert: Nehmt mich endlich ab von dem Kreuz, auf das ihr mein Sein in euren Schriften reduziert habt. Übergebt stattdessen eure eigenen **Glaubenssät-**

***ze, eure Dünkel, eure dunklen, bewertenden, verurteilenden und negativen Gedanken** und alles, was euch belastet, dem gleichschenkligen Kreuz der Vollkommenheit. Dies kann in Freude und freier Wahl geschehen. Das Zeichen des gleichschenkligen Kreuzes ist das Symbol für diese Dimension. Alles, was dich hindert, die Göttin, den Gott in dir und durch dich selbst zu leben, ist nichts weiter als ein Abbild des Schreckens, den diese Dimension erfahren hat. Darum gib all dies zurück an die Dimension der Illusion, damit das wahre Licht der Seele Gaias hier auf der Erde sichtbar werden kann.*

Lass ab von jedem Urteil über dich und andere, dann wirst du wahrhaft der Welt ein Licht in der Dunkelheit sein.

Nur in der bedingungslosen Liebe, frei von jeglichem Urteil, die alles, was existiert, auch und ganz besonders dich selbst einschließt, als wahrer Ausdruck deiner wahren Seelenqualitäten, kann sich wirklicher innerer Fortschritt in jedem einzelnen Bewusstsein entfalten. So kann sich dein Bewusstsein durch die Integration der höheren Seelenanteile in deine irdische Existenz erweitern.

Du allein bewirkst den Wandel auf der Erde und in deinem eigenen, selbst erschaffenen Universum. Du allein bist der Mittelpunkt dieses Universums, und du allein erfährst deine dir selbst auferlegten Begrenzungen, deine Glaubenssätze, deine Verletzung — oft ohne die Erkenntnis, dass du selbst sie aufrechterhältst. Dein Sein, dein geläutertes Sein, erreicht auf der energetischen Ebene die gesamte Menschheit und ermöglicht es anderen Menschen, es dir gleichzutun.

Darum erinnere dich meiner Worte: „Folge mir nach."

Dies bedeutet: Nimm alle deine Begrenzungen, verwandele sie in Liebe und spüre, dass du mit Allem-was-ist, mit jedem Menschen, jedem Tier, jeder Pflanze, ja, dem ganzen Universum und der Quelle selbst eine vollkommene Einheit bist! Du hast es nur vergessen.

Geliebte Schwester, geliebter Bruder! Es ist an der Zeit, die Verantwortung für alles zu übernehmen, was dir in deinem Leben begegnet, ohne ein Urteil über andere, geschweige denn über dich selbst, zu fällen.

Es ist an der Zeit, dein Universum mit deiner vollkommenen ICH-BIN-Gegenwart zu vereinigen. Erkenne deine eigene Göttlichkeit als einzige Wesenheit deines Lebens an. Indem du dieses tust, wird sich deine Energie erhöhen, und mit deiner erhöhten Energie verändern sich dein Umfeld, dein Leben und dein Du–Sein.

Nun lass dir von mir eine Meditation schenken, die die dreifaltige Flamme in deinem Herzen ausdehnen und erweitern wird, damit du in Wahrheit zu göttlicher Liebe, göttlicher Kraft und göttlicher Weisheit werden kannst.

Meditation – Die dreifaltige Flamme in deinem Herzzentrum

Lehne dich gerade und entspannt zurück, die geöffneten Hände mit den Handflächen nach oben auf den Oberschenkeln. Schließe deine Augen. Nimm einen tiefen Atemzug und entspanne dich. Lass alle Ruhelosigkeit und Belastungen deines Alltags mit deinem Atem gehen. Einfach den Atem fließen lassen. Atme alles aus, was noch an Gedanken durch deinen Kopf wandert, und werde immer ruhiger und stiller in dir.

Fühle über deinem Kopf dein Seelenchakra. Dieses Chakra ist direkt mit deiner ICH-BIN-Gegenwart verbunden. Es verbindet dich unlösbar mit dem Teil deiner selbst, der in der Quelle fest verankert ist. Dein Seelenchakra befindet sich cirka 15 bis 30 cm über deinem Kronenchakra, je nachdem, wie innig du die Verbindung zu deiner Seelensubstanz bereits in dir integriert hast.

Fühle in dein Seelenchakra hinein. Erspüre es und verbinde dich, dein Kronenchakra und deinen Körper wieder ganz fest mit dieser, deiner eigenen, kraftvollen lichtvollen Energie aus der Quelle.

Und jetzt, während du tief verbunden bist mit deinem Seelenchakra, nimm darüber eine Säule aus reinem Licht wahr, die herunterreicht, aus deiner ICH-BIN-Gegenwart kommend, die alle deine höheren Chakren erfüllt, durch-

flutet und einhüllt, durch dein Seelenchakra zu dir hinunterfließt und dich jetzt vollkommen einhüllt, während du ganz ruhig und entspannt auf deinem Stuhl sitzt oder auf deiner Unterlage liegst.

Und nun sprich laut:

„Ich rufe die Kraft des nährenden, heilenden Strahls aus der Quelle des vollkommen liebenden Lichts an."

Nimm einen wunderschönen Strahl reinen, weißen Lichts wahr, der durch alle deine Chakren, durch dein Seelenchakra herunterfließt, direkt in dein Kronenchakra hinein.

Fühle die Verbindung mit deiner Seele deinen Kopf erfüllen. Erfahre die Kraft und die vollkommen heiligende Energie, während dein Kronenchakra zu schwingen, zu singen beginnt. Fühle, wie es leise in dir vibriert und sich sanft ausdehnt, bis es deinen ganzen Oberkopf erfüllt und seine zarten Energien darüber hinaus entfaltet.

Atme dieses weiße Licht von nun an dauerhaft durch dein Kronenchakra ein und lass vollkommene Heilung dich erfüllen: Das Licht fließt weiter aus deiner ICH-BIN-Gegenwart durch deine höheren Chakren, durch dein Seelenchakra, durch dein Kronenchakra, ganz sanft und heilend direkt in dein Stirnchakra hinein. Erfahre wieder die altvertraute, heilende Energie, wenn dein Stirnchakra sich entfaltet und zu vibrieren beginnt.

Atme weiter das vollkommene Licht ein. Es fließt immer noch und weiter aus deiner ICH-BIN-Gegenwart durch dein Seelenchakra, durch dein aktiviertes Kronenchakra, durch dein aktiviertes Stirnchakra, ganz sanft, warm und heilend in dein Kehlchakra hinein. Fühle, wie heilendes Licht aus der Quelle dein Kehlchakra harmonisiert, es aktiviert, und wie es jetzt zu schwingen beginnt. Fühle, wie du offen und weit wirst für ganz neue Gedanken der Heilung, Liebe und Freude am Sein. Fühle, wie dein Drittes Auge weit und offen ist und in das Licht der Quelle hineintauchen kann. Fühle, dass du endlich frei und klar in die Ebenen sehen kannst, die deinem Bewusstsein bisher unsichtbar schienen.

Fühle, wie du ganz weit und offen wirst für die vollkommene Kommunikation mit den höheren Ebenen deiner multidimensionalen Seele, mit deinem wahren Sein.

Und nun, während du alle diese wunderbaren Fähigkeiten neu in dir integrierst, erlaube diesem heilenden Licht, das direkt aus der Quelle kommt, weiterzufließen, noch tiefer in dich hinein, und dann lass es dein Thymuszentrum erreichen. Atme ganz tief in dein Thymuszentrum hinein. Weite es mit deinem Atem für das Licht der Quelle selbst. Und während du atmest, nimm wahr, wie dein Thymuszentrum weit und warm wird. Nimm wahr, wie es ganz und gar vom heilenden, klärenden, liebenden Licht der Quelle erfüllt wird.

Fühle, wie es immer weiter und strahlender wird, sich endlich wieder mit deinem Kehlchakra und deinem Herzchakra verbindet und die Brücke der liebenden Kommunikation nach all den langen Zeiten der Trennung in dir wieder zum Leben erwacht.

Erfahre: Alles liegt in dir. Du bist der Schlüssel zur Heilung deines Selbst.

Und jetzt, da die Blockaden entfernt sind, das heilende Licht frei durch dich fließen kann, fühle, wie es sich nun direkt in dein Herzchakra hinein ergießt und es mehr und mehr erfüllt, weitet und umhüllt.

Nimm die dreifaltige Flamme in deinem Herzzentrum wahr, die direkt mit der Quelle verbunden ist. Deine dreifaltige Flamme ist der Ort in dir, in dem deine Göttlichkeit immer schon wohnte, dich niemals verlassen hat, die direkt mit der Quelle in stetigem Austausch ist. Nimm dir immer wieder all die Zeit, die du dir nehmen möchtest, und fühle den Platz in deinem Herzen, an dem deine dreifaltige Flamme warm und zentriert in dir ruht.

Und nun, da du sie gefunden hast, betrachte dir deine dreifaltige vollkommene Herzensflamme. Die große Flamme in der Mitte schimmert in reinstem Gold, die Flamme auf der rechten Seite erstrahlt in vollkommenem Blau, die Flamme links in wärmendem, sanftem Rosarot. Diese Flammen repräsentieren alles, was du wirklich bist.

Sie sind deine ursprüngliche vollkommene Göttinnenkraft, Gotteskraft, mit der du dich aus der Quelle gesungen hast. Sie repräsentieren vollkommene, urteilsfreie Liebe, vollkommene, urteilsfreie Weisheit und die vollkomme Energie der Quelle selbst.

Erkenne: All dies ist und lebt in dir. Du hast alles in dir, wonach du dich dein Leben lang gesehnt hast. Deine ursprüngliche Vollkommenheit!

Fühle immer noch das heilende, harmonisierende, strahlende Licht, das dich, von oben kommend, erstrahlen lässt und sich nun direkt in die dreifaltige Flamme deines Herzens integriert.

Fühle, wie dieses Licht deine goldene Flamme der Weisheit aus den Fesseln der Dualität befreit. Nimm wahr, wie sie endlich wieder kraftvoller in dir erstrahlt. Und während diese Heilung sich sanft in dir entfaltet, nimm wahr, wie die goldene Flamme der universellen Weisheit sich nach den langen Zeiten des Schweigens in dir endlich wieder entfaltet und dein ganzes Wesen erfüllt.

Fühle deine innere Weisheit, die direkt aus dem Licht der Quelle kommt, und erkenne für dich selbst an, dass du die Antworten auf alle Fragen deines Lebens in dir trägst.

Das gesamte Wissen allen Lebens, allen Seins, ist in dir, wenn du es dir erlaubst, dich so vollkommen zu fühlen.

Durch die volle Ausdehnung der goldenen Flamme in deinem Herzen erreichst du vollkommene Weisheit, vollkommenes Wissen, wie du selbst es gewollt hast, als du dich von den lichtvollen Dimensionen entferntest, um der Erde ein Licht zu sein. Darum nimm deine Selbstverantwortung wieder in Besitz und atme jetzt, deiner selbst bewusst, das Licht der Quelle in deine Herzensflamme hinein.

Nun fühle diesen Strahl des universellen Lichts der Liebe, wie er in deine rosarote Herzensflamme, in deine eigene Liebesfähigkeit, sanft und wärmend hineinfließt. Und wenn du sie jetzt noch nicht fühlst, dann bitte deine Seele darum, die bedingungslose, urteilsfreie, universelle Liebe täglich ein wenig mehr zu empfinden und sie in deinem Leben mehr und mehr manifest werden zu lassen.

Dehne nun auch deine Herzensflamme der Liebe aus. Erfülle sie freudig und bewusst mit dem Licht der Quelle durch dein ICH BIN in dein Leben neu integriert. Fühle sie neu erwachen, wachsen und größer werden, bis du auch die Liebe meines Herzens, die Liebe meines Ich BIN, fühlst, die dein Herz mit meinem Herzen verbindet. Erfahre, erlebe und wisse, dass wir EINS sind.

Fühle tief in dich hinein und integriere diese Erfahrung deiner Verbundenheit mit Allem-was-ist fest in dir. Atme dabei ganz sanft und wisse, geliebtes Sein, dass unsere Liebe eins, das unsere Verbundenheit vollkommen ist. Gehe mit dieser bedingungslosen Liebe für dich selbst und für alles auf der Erde, was sich nach dem Licht der Liebe sehnt, durch dein Leben. Berühre alle und alles mit der lichtvollen Energie deiner ICH-BIN-Gegenwart. Rufe dein ICH-BIN, die Ursubstanz deiner Seele, deine größte Kraft auf dieser Erde und in allen Universen, das in der Quelle ruht, indem du sprichst:

Ich rufe mein ICH BIN.
Ich rufe mein ICH BIN.
Ich rufe meine reine Seele an.

Steige herunter zu mir und integriere dich fest in meinem Leben.

Ich rufe mein vollkommenes ICH BIN.

Ich bin bereit für das Licht in mir. Vollkommenes ICH BIN, integriere dich täglich mehr in meinem Leben.

Nun öffne dich ganz und fühle dein ICH BIN sich neu in deinem Leben festigen. Fühle, wie deine Seele sich weitet, ausdehnt und sich tiefer und fester in dir verankert.

Reiche mir deine Hand und empfange von mir DEIN Symbol deines ICH BIN, während du dich jetzt neu und bewusst mit deiner Göttlichkeit verbindest und vereinigst.

Während du dieses tust, nimm freudig das energetische Geschenk in dein Herz hinein, das ich dir überreicht habe, und sei dir ganz sicher in der Gewissheit, dass die Verbindung mit deinem ICH BIN vollkommen ist. Du kannst diese Verbindung täglich festigen und die Vereinigung neu besiegeln. Je mehr du dich mit deinem ICH BIN vereinigst, es mehr und mehr in dein tägliches Leben einlädst und integrierst, desto leichter wird dein Weg auf dieser Erde sich vor dir entfalten.

Fühle den Strahl des Lichts der Quelle weiterhin warm und heilend in dir. Erfahre, wie das harmonisierende Licht weiter in deine strahlend blaue Flamme fließt, der Kraft in deinem Herzen innerhalb deiner dreifaltigen Flamme.

Fühle, wie sich die Energie der Quelle in deinem Herzzentrum, JA, in deinem ganzen Sein ausdehnt. Erfahre, wie diese Energie dein ICH BIN bejaht und bekräftigt und dich in deiner vollkommenen Quintessenz der universellen Einheit bestätigt.

Sei gewiss, dass du durch die neue Verbundenheit mit deiner Seele täglich mehr bestärkt wirst, du selbst zu sein, in vollkommener Einheit mit deinem ICH BIN, wenn du deine Wahrheit im Licht deiner Liebe lebst, bekräftigst und in dieser Haltung deinen Alltag meisterst. Indem du die bedingungslose Liebe zu dir selbst lebst, die aus der Quelle durch dein ICH BIN, das jetzt wieder fest in deinem Leben integriert ist, in unendlichem Strom niederfließt, bekräftigst du deinen Weg des Lichts und bist für deinen Aufstieg bereit.

Bejahe nun, dass du die Seelenstärke und Selbstermächtigung in deinem Leben besitzt, deine Bestimmung in ihrer vollen Größe zu erfassen. Bejahe für dich selbst, deinen Weg in Selbstanerkennung, Selbstliebe und Selbstakzeptanz zu gehen und diesen Weg gemeinsam mit der Erde zur einzigen Wirklichkeit werden zu lassen.

Sprich also jetzt:

Ich besitze die Seelenstärke und Selbstermächtigung in meinem Leben, meine selbstgewählte Bestimmung in ihrer vollen Kraft zu erfassen, meinen Weg in Selbstanerkennung, Selbstliebe und Selbstakzeptanz zu gehen und diese neue Erkenntnis bis zu meinem vollkommenen Aufstieg die einzige Wirklichkeit werden zu lassen.

Fühle die vollkommene Integration der Liebe, Weisheit und Kraft in der dreifaltigen Flamme deines Herzens. Fühle dein Herzchakra sich ausdehnen und weit und kraftvoll werden.

Fühle die Verschmelzung deines ICH BIN mit deinen niederen Körpern und wisse: Es gibt keine Trennung. Es gibt kein Urteil. Es gibt keine Bewertung. Alles ist eins in der Einheit allen Lebens, das seine Wurzeln in der Quelle hat. Du und ich, wir sind eins. Du und dein Bruder, deine Schwester, überall im Universum, ihr seid eins. Alles ist eins, denn alles hat sich in liebender Erwartung nach Er-

kenntnis selbst aus der Quelle in das Sein gesungen.

Und jetzt bekräftige und erkenne an, dass du Teil der Quelle bist. Und dann gehe hin, liebe dich selbst und dann deinen Nächsten, wie ich euch geliebt habe.

Bestätige mit mir, Jeshua in Sananda, kraftvoll:

ICH BIN die Auferstehung aus der Dunkelheit.
ICH BIN das ewige Leben.
ICH BIN die Göttin, der Gott, in meinem Sein.
ICH BIN das vollkommene Bewusstsein,
in universeller Liebe vereint.
ICH BIN Licht.
ICH BIN mein ICH BIN.

Und nun lass dieses Licht, das dir immer vertrauter wird und dich bis in dein Herzzentrum erfüllt, deinen ganzen Körper durchlichten. Fülle dich ganz und gar damit aus. Umhülle dich mit der lichtvollen Kraft deiner Seele und gehe mit dieser Energie, wenn du so weit bist, zurück in deinen Alltag.

Ich bin Jeshua in Sananda, und ich segne dich mit der Kraft meiner universellen Liebe.

Verbinde dich täglich, am besten direkt nach dem Aufwachen oder Aufstehen, mit deiner vollkommenen ICH-BIN-GEGENWART. Erkenne täglich an, dass dein ICH

BIN, deine auf ewig untrennbar mit der Quelle verbundene Ursubstanz, die vollkommene Wesenheit in deinem Leben ist, die deinen Tag begleitet. Integriere deine ICH-BIN-Anrufung in dein Herz, in dein Denken und Fühlen. Dann wirst du dich immer öfter daran erinnern, dass Alles-was-ist sich aus der ICH-BIN-Gegenwart im täglichen Sein entfaltet.

Bedenke nur, wie wunderbar das Leben auf dieser Erde sein könnte, wenn jeder Mensch sich diesem Weg und dieser Meditation öffnen und sie täglich anwenden würde. Der globale Aufstieg könnte bereits morgen geschehen. Doch bis dahin liegt noch ein Weg vor uns allen, und nicht jeder Mensch wünscht sich diesen Weg für das eigene Sein. Es sind so viele, die noch schlafen und aus ihrem Traum nicht erwachen wollen. Verschwende mit ihnen keine Zeit. Es ist ihre ganz eigene Wahl. Daher übe dich in dem, was ihr Toleranz nennt, und löse dich aus dem Urteil über jene, die du bisher verurteilt hast. Erinnere dich immer daran: Du bist mit allen, auch mit denjenigen, die du ablehnst, auf energetischer Ebene tief und fest verbunden, denn es gibt nichts und niemanden, das oder der nicht seine Wurzeln in der Quelle hat. In diesen Wurzeln seid ihr, sind wir eins. Doch manche sind näher an ihrem Ursprung, andere noch weit davon entfernt. Es ist die Entscheidung jedes einzelnen Individuums, welchen Bewusstseinsstand es hier und jetzt leben, erfahren und integrieren möchte. Es ist alles ein Spiel. Es ist alles Illusion in der Realität der Dimensionen von Licht und Schatten. Erhebe dich aus der Illusion, indem du erkennst, du trägst nur eine einzige Verantwor-

tung, und das ist die Verantwortung für deinen eigenen Weg. Indem du über andere ein Urteil fällst, lenkst du dich nur von deinem eigenen Weg ab.

Du möchtest dein Licht leben, es leuchten lassen. Daher bitte ich dich, deine ersten Schritte zu gehen, deine Wahrheit anzuerkennen, sie zu leben, und so zu einer wahren Lichtbrücke zu erwachen. Du als Lichtbrücke, die frei ist von Urteil über Gott und die Welt, hebst die Schwingung in deinem eigenen Umfeld und auf der ganzen Erde an, denn das, was du tust, ist im universellen Gedächtnis gespeichert. Daher kann jeder andere es ebenfalls tun. Und das gilt für alles, was irgendein Mensch tut. Es ist nicht nur dein Wunsch, nein, es ist schon beinahe deine Pflicht, dieses universelle Gedächtnis, ihr nennt es auch die Akasha-Chronik, mit lichtvollem Tun anzureichern, damit die Erinnerungen an die dunklen Zeiten sich mehr und mehr im Licht erlösen.

Wenn du dich selbst überraschst im Urteil über andere, über dich selbst, über die Welt, über all die vermeintlich Unerwachten, dann fühle hinein in deine dreifaltige Herzensflamme. Dehne sie aus in dir und denke: FRIEDE IST IN MIR!

Erkenne an, dass alle Brüder und Schwestern, die noch schlafen, ebenso die ICH-BIN-Gegenwart sind, wie auch du es bist. Versuche nicht, sie zu analysieren oder gar zu verstehen. Du vertrödelst deine Zeit. Erkenne die

Vollkommenheit ihres ICH BIN, und erkenne sie an als die Wesen, die ebenso auf der Suche sind, wie du selbst es einst warst. Dann wirst du aus der Bewertung heraustreten und eine wahrhafte Meisterin, ein wahrhafter Meister deines eigenen Universums sein.

Indem du jeden Menschen als Göttin, als Gott anerkennst, aktivierst du diesen schlafenden Aspekt in deinem Gegenüber, der dann für diesen deiner Brüder oder Schwestern selbst in Aktion treten kann.

Handele, wie ich gehandelt habe, still und in wahrer Liebe zu dir selbst, mit Selbstrespekt und Selbsterkenntnis. Bedränge niemanden mit deiner Wahrheit. Missioniere nicht. Jeder wird erwachen, wenn du deinen Weg ins Licht gehst und seine/ihre Zeit gekommen ist, in der er oder sie zum Licht der Liebe hin erwachen will.

Zeige dir selbst und den Menschen, was und wer du in Wahrheit bist. Dann wirst du immer im Licht sein und dieses Licht um dich herum verbreiten. Das ist die wahre Aufgabe der Lichtarbeiter in dieser Zeit.

Ich möchte dich heute dazu aufrufen, dir selbst, deinen Mitmenschen und der Erde auf diese vollkommene Weise zu dienen.

Ich segne dich mit dem reinen, strahlenden Licht der Quelle, deren allumfassende Liebe dich stets begleitet.

ICH BIN – Jeshua in Sananda – die Auferstehung aus der Dunkelheit und das ewige Leben.

Somit lade ich dich nun ein, diesen kleinen Kurs in Selbstannahme voller Hingabe an dich, für dich und mit dir selbst durchzuarbeiten, damit du unter all deinen Zweifeln erkennst, dass du wundervoll und göttlich bist. Der Aufstieg ins Licht ist erst einmal ein Abstieg des Lichts, deiner Seele und deines ICH BIN in dein tägliches Leben. Mit diesem Licht in deinem Leben ist für Selbstzweifel und Scheinheiligkeit kein Raum mehr gegeben. Frei von jeglichem Schein, bist du nun endlich bereit, mit Hilfe der Aufgestiegenen Meister und Meisterinnen dein Leben zu lieben und zu einem Fest der Freude für jeden, der dich und dein Sein berührt, werden zu lassen.

Mit solch einem offenen Herzen in dir hat dann endlich auch Lady (Sa)Nada die Gelegenheit, ihre Lebensfreude an dich weiterzugeben. Sinnlichkeit auf allen Ebenen des Seins ist das Sinnbild für (Sa)Nada. Du bist nach diesem Kurs eingeladen, in (Sa)Nadas lachende Energie einzutauchen und diese Lebensfreude, Lebendigkeit und Heiterkeit für dich in Anspruch zu nehmen. Doch zuerst finde dich selbst. Lerne, dich selbst als Gott, als Göttin, zu sehen und zu lieben.

Viel Freude an dem kleinen Kurs hin zu dir selbst.

Schuld, Sühne, Opferhaltung und Täter

Mir begegnen nur ganz selten Menschen, die frei sind von Schuldzuweisungen.

Da wird zu jeder Zeit, an jedem Tag irgendeinem Menschen oder irgendeiner Situation die Schuld gegeben, wenn im persönlichen Leben etwas schiefläuft. Nun ist das Leben dazu da, und wir haben es uns genau so erwählt, dass wir lernen zu leben. Ich meine hiermit, wirklich leben, in Friede und Freiheit.

Was aber bedeutet das – Leben in Freiheit und Frieden?

In erster Linie gilt es zu erkennen, dass an dem, was auch immer dir begegnet, niemals ein anderer Mensch Schuld hat; weder an deiner Freude, deinem Ärger, noch an dem Schmerz in deinem Leben. Schuldzuweisungen sind immer nur die Spiegel der eigenen Unwissenheit und Ausdruck eines fehlgeleiteten Egos.

Auch wenn viele es immer noch nicht glauben wollen: Jeder Mensch erschafft mit dem eigenen Denken und Tun seine Realität. Ein anderer Mensch spiegelt immer nur das, was du selbst dir antust, was du selbst erwartest, wozu du ihn oder sie manipulierst, oder dich durch andere manipulieren lässt.

Nun ist Manipulation wieder ein Täter-Begriff, dem unweigerlich ein Opfer gegenüberstehen muss, oder?

Nein, dem ist nicht so! Du kannst niemanden manipulieren, und umgekehrt: Niemand kann dich manipulieren, es sei denn, das Gegenüber oder du selbst stimmst der Manipulation zu. Das Leben im Miteinander ist ein Wechselspiel der gegenseitigen Erlaubnis. Darum sollten wir im Grunde jeden Menschen feiern, der uns Schmerz zufügt, uns ärgert oder gar wütend werden lässt. Dieser Mensch stellt sich, wenn auch unbewusst, zur Verfügung, damit wir unser Karma erlösen können. Ist das nicht ein wundervolles Zeichen der bedingungslosen Liebe? ☺

In dem Augenblick, in dem du dich entscheidest, aus diesem Spiel auszusteigen, wird sich dein Umfeld unweigerlich wandeln. Insofern gibt es auch keine Schuld, für die du oder ein anderer Mensch Buße tun muss. Das Leben auf unserer wundervollen Erde IST einfach. Es ist frei, sich in immerwährender neuer Schöpfung zu entfalten.

Mit jedem Gedanken setzen wir einen Schöpfungsprozess in Gang, mit jedem ausgesprochen Wort festigen wir die Bildung der Materie des Gedankens.

Wenn du also positive Resultate wünschst, dann beginne damit, ab sofort nur noch positiv zu denken und zu sprechen. Damit meine ich nicht, ständig irgendwelche Affirmationen runterzuleiern. Das würde nicht allzu viel Positives in dein Leben bringen, sondern eher das Gegenteil bewirken.

Der Weg ist ein anderer.

Der erste Schritt

Jedes Mal, wenn du dich bei einem negativen Gedanken ertappst, dann hänge diesem nicht nach. Freue dich über deine Fähigkeit, dich selbst zu erkennen. Setze dem negativen Gedanken in dir einen positiven entgegen. Auf diese Weise neutralisierst du die Wirkung jedes negativ Gedachten, und die gesetzte Ursache muss und wird sich in deiner Realität nicht mehr manifestieren.

Der zweite Schritt

Bringe in dein tägliches Bewusstsein, was du über folgende Lebensbereiche denkst:

- Für wie liebenswert, glaubst du, halten dich andere Menschen?
- Glaubst du vielleicht, dass andere Menschen wirklich dich meinen, oder nutzen sie dich immer wieder für ihre eigenen Ziele, Möglichkeiten, Bedürfnisse oder Wünsche aus?

- Wenn du glaubst, dass andere dich für liebenswert halten, dann frage dich: Warum? Was mögen sie an dir ganz besonders?

- Was glaubst und denkst du über dich selbst?
  - Für wie liebenswert hältst du dich selbst?
  - Gehörst du auch zu den Menschen, die immer wieder für andere die eigenen Bedürfnisse verleugnen, nicht wahrnehmen, nicht erfüllen und die Erfüllung der Bedürfnisse anderer Menschen wichtiger nehmen als die eigenen?
  - Liebst du dich selbst genug, dass du auch ein klares **Nein** äußern kannst, weil du selbst es dir wert bist?
- Hilfst du immer wieder anderen, hast jedoch niemanden, der für dich da ist, wenn du selbst einmal Hilfe brauchst?
- Glaubst du daran, dass du dich selbst auch dann noch für liebenswert halten kannst, wenn du ab sofort nur noch deine Wahrheit sagst?
- Was glaubst und denkst du über den Sinn deines Lebens?
- Hat dein Leben einen tieferen Sinn?
- Welche Meinung hast du zu Geld und Menschen, die finanziellen Erfolg haben?
- Wie stehst du zu deinem Körper?
- Wie siehst du deine Zukunft?
- Wie oft hast du, deiner Meinung nach, in der Vergangenheit versagt?

Wenn du alle deine negativen Ansichten über oben genannte Lebensteile gesammelt hast, dann setze JETZT jedem einen positiven Aspekt entgegen:

Beispiel:

Negatives Selbsturteil: Mich mag niemand, niemand liebt mich wirklich.

Positive Heilung: Ich habe mich in meiner Meditation erkannt und weiß: ICH BIN göttlich und liebenswert.

Negativer Gedanke: Geld ist schmutzig, erfolgreiche Menschen haben ihren Erfolg auf Kosten anderer Menschen erreicht.

Positiver Gegenaspekt: Geld ist praktisch. Mit Geld bin ich unabhängig. Als erfolgreiche/r Frau/Mann, kann ich – auch mit meinem Geld – sehr viel Gutes auf dieser Erde bewirken. Ich spende jetzt ganz spontan fünf, zehn oder wie viel Euro auch immer, um irgendwo ein Licht leuchten zu lassen.

Tue das dann auch, und du wirst feststellen: Geben ist tatsächlich seliger als Nehmen. Doch ganz wichtig ist es, keinen Mangelgedanken zu hegen, wenn du Geld spendest. Spende in der festen Gewissheit, dass du genug hast. Erfreue dich an der Freude, wenn du etwas Gutes für ein Kind, für einen anderen Menschen oder für ein Tier getan hast. Es gibt so viel Elend auf dieser Erde, und jeder Cent kann einem anderen Menschen ein Lächeln auf die Lippen zaubern, das Vertrauen in andere Menschen stärken oder die Not eines gequälten Tieres lindern.

Selbst dann, wenn du nicht daran glaubst, je öfter du dein Umerziehen deines Denkens wiederholst, desto schneller wird sich in deinem Gehirn und deinem Unterbewusstsein fest verankern, dass du alles hast, alles erreichen kannst, du tatsächlich göttlich und liebenswert bist.

Das Unterbewusstsein bekommt nicht mit, ob das, was du ihm sagst, der Wahrheit entspricht, wenn du negativ urteilst über dich oder andere Menschen oder Dinge, die geschehen. Es ist ihm egal. Du bist die Chefin, der Chef. Was du willst, wird erledigt, so oder so. Das, was du bewusst oder unbewusst aussendest, materialisiert sich früher oder später immer in deinem Leben. Warum beginnst du nicht sofort damit, nur noch Botschaften an dein Unterbewusstsein weiterzugeben, die dir zu einem schönen, lichtvollen und erfolgreichem Leben auf allen Ebenen deines Seins verhelfen?

Dein Unterbewusstsein wird sich möglicherweise anfänglich sträuben. Da steigt dann in dir auf: Stimmt ja gar nicht. Jetzt spinnst du aber wirklich. Nun mach aber mal einen Punkt. Dies steigt auf, weil dein Unterbewusstsein es bisher nicht anders erfahren hat. Es kennt deine neue Art zu denken und zu fühlen noch nicht. Bleibe einfach dabei. Dein Unterbewusstsein lernt schnell um, und es wird sich sehr bald etwas in deinem Leben ändern.

☆☆☆☆☆

Kleiner Leitfaden für Selbstliebe und Selbstfindung

Indem du ein wenig weiter in dir forschst, kannst du lernen, wie Erschaffen in der Materie durch deine Gedankenkraft gesteuert und beeinflusst wird. Indem du erkennst, wie du einige deiner Gedankengänge verändern kannst, diese Erkenntnis dann in die Praxis umsetzt, erfährst du in deinem täglichen Erleben, auf welche Weise du leben möchtest, damit du mit den Ergebnissen, die sich in deinem Leben repräsentieren, zufrieden sein kannst. Besucher meiner Internetseiten stellen immer wieder diese Fragen nach Selbstliebe, nach Veränderung und wie es in ihrem Leben möglich ist. Daher möchten wir im Folgenden darauf eingehen, in der Hoffnung, dass es dir im richtigen Augenblick einfällt und dir weiterhilft.

Jeder einzelne Mensch auf dieser Erde ist Schöpfer dessen, was alle Menschen auf dieser Erde als tägliche Realität erkennen und erfahren. Schaue dich um auf der Erde: Da ist Licht, sicher. Doch da ist auch sehr viel Schatten. Diese Schatten sind hier, weil das globale Denken des Kollektivs Menschheit alles andere als lichtvoll ist. Das globale Denken entspricht nicht der wahren Natur von Göttinnen und Göttern, als die wir einst auf diese Erde kamen. Das globale Denken, und daran sind auch wir in der westlichen Welt wesentlich beteiligt, ist auf Mangel, Opfer, Täter, Schuld und Sühne ausgerichtet. Dies zeigt sich uns allen in der realen Welt. Nur wenige sind bereit, aus diesem globalen Denken auszusteigen. So verfestigen sich die Missstände täglich, und das Gefühl von Macht und Ohnmacht nimmt täglich in weiten Teilen dieser Erde zu.

Doch wenn du helfen möchtest, das Licht auf unserer Erde zu verankern und von deinem Ankerpunkt aus in die Welt strahlen zu lassen, dann ist es an der Zeit, dass du und jeder Einzelne damit beginnt, das eigene mechanische Denken zu erkennen, zu hinterfragen, ob es sinn- und lichtvoll ist, und es dann gegebenenfalls zu verändern. Es macht also Sinn zu wissen, wie du bewusst eine freudige Realität erschaffen kannst, anstatt weiterhin an deinen Ergebnissen, an der Welt oder an den Menschen zu zweifeln, manchmal sogar zu verzweifeln.

Wenn du ein wenig in meinem ersten Buch *Du bist der Weg* und in den universellen Gesetzen gelesen hat, dann ist es für dich nichts Neues, wenn wir dir sagen, dass du dir deine Realität selbst erschaffen hast und täglich neu erschaffst.

Daher möchte ich dich bitten, in deinem eigenen Interesse die Aufgaben, die dir auf den nächsten Seiten noch einmal empfohlen werden, dir selbst, allein nur für dich, auch wenn das für dich ungewohnt ist, schriftlich zu beantworten. So kannst du dich wirklich kennenlernen. Wenn du dich selbst kennst, dann kannst du frei entscheiden, was du fühlst, denkst und sagst. Dazu kannst du dir ein kleines Journal anlegen, das du zu jeder Zeit ergänzen kannst. Du kannst dir auch eigene Fragen der Selbsterkenntnis ergänzend anfügen und diese für dich beantworten. Das ist der Beginn von Selbstliebe. Dich in deinem tiefsten Inneren als das zu erfahren, was du bist unter allem, was deine Erfahrungen sind, unter allem, was du hier auf Erden NUR gelernt hast. Du hast das alles nicht mitgebracht. Nein. Du hast es übernommen von allen, die an dir herumerzogen haben, als du Kind warst. Und als Kind bereits hast du ihre angenommene Wahrheit als deine vermeintliche in dein Leben integriert.

Wenn du mit der Arbeit für dich selbst an dir beginnst, habe ich eine Bitte an dich: Sei absolut ehrlich zu dir. Dich belügen kannst du doch schon. Mache einmal was anderes als das, was du bisher gewohnt bist. Das Alte hat ja nicht so richtig funktioniert, sonst würdest du dieses Buch nicht lesen. Mache dir völlig bewusst: Du allein bist die/der Einzige, die/der dein Journal mit all deinen Aufzeichnungen zu Gesicht bekommt.

Du wirst deine persönlichen Erfahrungen, die nur du dir schenken kannst, machen und dabei zu immer tieferer Erkenntnis deines Selbst gelangen und dich Schritt für Schritt mehr annehmen und anerkennen. Dieser kleine Lehrgang ist, gemeinsam mit den Fragen im vorhergehenden Kapitel, eine Einladung an dich, deine gesamte menschliche Erfahrung zum Positiven hin zu verändern. Das kann niemand anderes für dich erledigen. Die innere Revolution beginnt in deiner eigenen Psyche, indem du sie zulässt und aktiv an deiner eigenen Erkenntnis mitarbeitest. Die Aufgestiegenen Meisterinnen und Meister werden dich zu jeder Zeit fördern, begleiten und unterstützen, wenn du aus tiefer Seele in deine Selbstliebe erwachen willst. Denn diese deine Selbstliebe entzündet ein neues Licht und erhellt ein klein wenig die Dunkelheit. Mache dir bewusst: Jede/r Einzelne ist aufgerufen, das Licht in dieser Welt zu verstärken, und jede/r Einzelne zählt.

Das: „Was kann ich als Einzelne/r schon groß verändern?“, zählt nicht mehr für dich. Wer, wenn nicht du? Wann, wenn nicht jetzt? Erinnere dich der Akasha-Chronik. Beginne hier, heute und jetzt für dich ganz allein, und der Speicher der Erinnerungschronik kann ein neues Licht, dein Licht, in seine Seiten aufnehmen. Indem du mit dir beginnst, änderst du nicht nur deine eigenen Umstände. Nein: Die Umstände auf der gesamten Erde ändern sich ebenfalls ein wenig hin zum Positiven, hin zur Freude.

Wenn dieser Leitfaden für Selbstfindung und Selbstliebe für dich zu einer wirklichen Erfahrung werden soll, dann ist es wichtig, diese Erfahrung auch zuzulassen. Nimm für dich zur Kenntnis, was dir zusagt. Finde deine eigene Wahrheit in allem, was du lesen und in dir entdecken wirst. Dann entscheide für dich, wie du vorgehen möchtest.

Du erhältst nun drei Fragenkomplexe, die du für dich allein beantworten kannst:

1. **Wer oder was bist du?**
   - Bist du liebenswert? Bist du es wert, dass andere dich lieben? Und wenn ja, warum? Wenn nein, warum?
   - Was denkst du über dich? Was hältst du von dir? Wie klar bist du auf deinem Weg? Wie gut oder wie schlecht bist du deiner Meinung nach. Und... warum?
   - Was denken deiner Meinung nach andere über dich? Und... warum?
   - Bist du immer wahrhaftig der Mann, die Frau, die/der du wirklich bist? Sagst du wirklich immer und in jeder Situation die Wahrheit? Bist du authentisch und echt, auch dann, wenn andere dich dann eventuell nicht mehr so liebhaben? Sagst du Ja, obwohl du lieber Nein sagen möchtest?
   - Kennst du deine Gefühle? Magst du deine Gefühle und stehst zu ihnen? Traust du deinen eigenen Gefühlen?
   - Glaubst du, dass andere dich auch dann noch mögen, wenn du ab sofort nur noch deine innere Wahrheit vertrittst? Auch dann, wenn du einmal Nein sagst, weil es sich für dich stimmig anfühlt?

Werde dir deiner Glaubenssätze, dich und andere betreffend, ganz bewusst, denn sie entscheiden darüber, was du dir erlaubst, über dich selbst zu erfahren.

2. **Wer oder was ist der GOTT deiner Religion in deinem Erkenntnisbereich?**
   - Bist du Gott Rechenschaft schuldig, und wenn ja oder nein, warum?
   - Ist es für dich gerecht, dass Männer vor diesem Gott wertvoller sind als Frauen? Und wenn ja oder nein, warum?
   - Ist es deine Wahrheit oder leise Befürchtung, dass die Schriften recht haben und Gott über dich richtet, wenn du deinen Körper verlässt, und wenn ja, warum?
   - Hast du Angst vor Fegefeuer, Hölle, Verdammnis? Und wenn ja, aus welchem Grund?
   - Glaubst du, dass du schuldig bist im Angesicht Gottes?
   - Betrachtest du Gott als von dir getrennt?
   - Als nicht vorhanden?
   - Als Rächer der Schandtaten, die wir hier vollziehen?
   - Als Hirngespinst?
   - Oder als in allem wohnend, vor allem auch in dir selbst?

Werde dir deiner Glaubenssätze eines Gottes betreffend ganz bewusst, denn sie entscheiden darüber, was du dir erlaubst über dich selbst zu erfahren.

3. **Was denkst du über Erfolg und Geld?**
   - Was ist Geld für dich? Welchen Wert hat es in deinem Leben?
   - Wie viel Geld hast du für dich?
   - Wie viel finanzieller Mangel oder Überfluss ist in deinem Leben?
   - Gibst du auch hin und wieder (ohne schlechtes Gewissen) Geld für dich aus, aus Freude daran, dir selbst etwas Schönes zu schenken?
   - Empfindest du Geld als etwas Schlechtes?
   - Tust du hin und wieder anderen Menschen einen Gefallen, der ihnen weiterhilft, lehnst es jedoch ab, dafür Geld anzunehmen?
   - Urteilst du über spirituelle Menschen, die für ihre Arbeit Geld verlangen?
   - Glaubst du, dass Geld den Charakter verdirbt usw.? Und wenn ja oder nein, warum?

Finde und stelle deine ganz eigenen Fragen und antworte dir selbst ehrlich. Das ist dein Schritt in deine Selbstverwirklichung.

☆☆☆☆☆

Die Erschaffung deiner Realität

Um direkt in das Thema einsteigen zu können, setzen wir voraus, dass du jetzt weißt und anerkennst, dass du ein schöpferisches, göttliches Wesen und für dein Leben sowie für dich verantwortlich bist. Ja, wir erwarten geradezu, dass du die Möglichkeit in Betracht ziehst, dass alles, und auch wirklich alles, was dir geschieht und widerfährt, von dir ins Leben gerufen wurde. Darum schau dich um und erkenne: Du hast eine vollkommene Realität erschaffen.

Wenn diese Realität dir nicht gefällt, wenn sie dir Schmerz und Kummer bereitet, dann liegt das daran, dass die meisten Menschen unbewusst etwas in die Materie holen, weil sie vergessen haben, dass sie Schöpfer sind und wie sie schöpferisch vollkommen sein können.

Wir alle, auch wir Aufgestiegenen Meisterinnen und Meister, erschaffen Tag für Tag unser eigenes Leben mit allen Erfahrungen, die darin enthalten sind. Jeder Gedanke, jede Tat, jedes Wort ist eine an die Schöpfer- und Lebenskraft gerichtete Aussage, wer du bist und was du willst.

Viele Menschen versuchen, mit positivem Denken eine bessere Welt zu erschaffen. Doch meistens vergessen sie dabei, dass nicht unbedingt die bewussten Gedanken verantwortlich sind, sondern letztlich nur der Schöpfergedanke – der ursprüngliche Gedanke – die Realität erschafft.

Und das ist der allererste Gedanke, den du jemals in Bezug auf irgendetwas gedacht hast. Dieser Gedanke bleibt als Basis vorhanden und schiebt sich über jede positive Affirmation; neutralisiert diese oft sogar. Dadurch wird es häufig sehr schwierig bis unmöglich, diese Affirmation zu verwirklichen. Du kannst also so lange positiv formulieren, ohne dass sich etwas ändert, bis du diesen Schöpfergedanken erlöst hast. Deshalb mündet positives Denken dann oft in Frust, weil ständig der Grundgedanke daherkommt und dementiert: „Stimmt ja gar nicht!"

Wohlgemerkt, nichts gegen positives Denken, doch wenn schon bewusst denken, dann auch in vollkommener Art und Weise! Denn: Wenn es dir augenscheinlich nicht gut geht und du „mir geht's gut, mir geht's toll, mir geht's wundervoll" darüber affirmierst, dann ist es unausweichlich, dass eine Stimme in dir stark protestiert und dir ziemlich lautstark erklärt, dass du völligen Unsinn redest. Wenn dein Bankkonto leer ist und du gebetsmühlenartig wiederholst: „Ich bin reich, ich lebe im Überfluss" usw., dann wird diese innere Stimme dir ziemlich schnell klar machen, dass du spinnst. Sie wird dir nur einen Satz entgegen schleudern: „Guck auf dein Konto und komm in die Realität zurück."

Im Grunde gibt es tatsächlich nur zwei Grundgedanken in dieser Welt. Das sind: Liebe, und als Gegenpol Abwesenheit von Liebe. Angst aus Unwissenheit. Aus diesen beiden Grundgedanken bestehen alle anderen dualen

Gedanken. Liebe und Hass, Überfluss und Mangel, Licht und Schatten, Frieden und Krieg usw.

Besonders verheerend wirken diese Ängste bei Menschen, die von sich selbst behaupten, völlig angstfrei zu sein, denn diese können oder wollen ihre eigenen Gefühle nicht mehr spüren.

Aus dieser Angst ergeben sich dann alle anderen Emotionen wie Wut, Schmerz, Verlustangst, mangelndes Selbstwertgefühl usw.; sämtliche Kämpfe und Kriege auf dieser Erde resultieren aus Abwesenheit von Liebe, die sich als Angst verkleidet. Und sehr oft bleiben Menschen in der Angst stecken, dass irgendetwas Böses geschieht, irgendetwas Gutes nicht geschieht, irgendjemand sie nicht mag, wenn sie einfach nur tun, was sie tun wollen, wenn sie einfach nur sind, wer und was sie sind usw.

Jeder Gedanke, jedes Gefühl und alles, was du tust, resultiert aus diesen beiden Grundgefühlen. Da es nur diese beiden gibt, hast du im Grunde keine Wahl, denn diese Erde ist nun einmal in der Dualität angesiedelt. Es gibt eben doch Tag und Nacht, Licht und Schatten. Und doch: Du hast die Wahl! Du hast die Wahl, für welche der beiden Seiten der Polarität du dich entscheidest, denn das Leben dient nicht deiner Entwicklung, sondern der Wiederentdeckung dessen, wer du wirklich bist, und ist ein ständiger Schöpfungsprozess.

Da jedes einzelne Wesen hier auf der Erde auch dann, wenn es nicht so scheinen mag, im Ursprung reine universelle Liebe ist, aus der Quelle in das Sein gesungen, können wir diese nur erfahren, indem wir den Gegenpol, die Abwesenheit von Liebe, die Angst erfahren und diese dann erlösen. Alles Zweifeln an anderen Menschen resultiert daraus, dass diese vermeintlich unsympathischen Zeitgenossen ebenso wie wir selbst in ihrer eigenen Angst, in ihren eigenen Ängsten leben.

Erst wenn du aus deinen Ängsten heraustrittst, ist ein Wiedererkennen möglich, wer und was du wirklich bist, wer und was dein Nächster wirklich ist. Also, entgegen allen Behauptungen, die jemals aufgestellt wurden, behaupten wir, dass du hier auf der Erde absolut nichts Neues zu lernen hast. Alles war immer da und ist bis heute in dir selbst vorhanden. Du musst nur den darüberliegenden, angesammelten „Erfahrungsschatz" beseitigen und, wie Jeshua einst sagte: „frei von Vorbehalten wie ein Kind" werden. Das Einzige, was du hier auf dieser Erde tun musst und willst, ist, dein altes Wissen wiederzufinden, wer und was du wirklich bist. Das bedeutet: die Angst erkennen, sie ablegen und dann in dir selbst erfahren. Du bist ein vollkommenes Wesen, und zwar genau so, wie du in Wahrheit bist.

Du hast sicherlich schon einmal die Erfahrung gemacht, wenn du etwas Neues verstanden hast, wurde dir klar, dass du dies alles im Grunde immer schon tief in dir gewusst hast. Dann liest du irgendein Buch, siehst einen Film, hörst ein Wort usw., und du erinnerst dich. Denn wisse: Niemand auf der Erde kann dir etwas beibringen, was du tief in dir nicht schon längst weißt!

Wenn du also wirklich möchtest, dass dein Leben wundervoll und lebenswert ist, dann gestatte dir, den höchsten und größten Gedanken über dich selbst zu denken.

Was ist das Größte, das du über dich denken kannst?

Suche so lange nach dem positivsten Aspekt deiner selbst, bis du ihn gefunden hast, und schreibe ihn dann auf.

Denke, sprich und handle nur noch aus diesem höchsten Gedanken heraus, als das sich selbst erfahrende Individuum aus der Quelle allen Seins, das du tatsächlich bist. Wenn es nicht immer sofort funktioniert, dann mach dir keine Vorwürfe, denn das würde bedeuten, dass du wieder in die Angst zurückfällst, nicht vollkommen zu sein. Du bist zu jeder Zeit, in jeder Sekunde deines Lebens so vollkommen, wie es dir jetzt gerade möglich ist. Wäre dies nicht so, würdest du diese Vollkommenheit erstreben.

Wenn du dich dem Gedanken widersetzt, dass du jenem Gott der Bibel gleichgestellt, gleichwertig und vielleicht sogar licht- und liebevoller bist, dann weist du das höchste Gut zurück, das dir zu eigen ist. Dann distanzierst du dich von deiner eigenen Göttlichkeit. „Gott erschuf den Menschen nach seinem Ebenbild." Das war das Verbrechen an deiner Vollkommenheit. (In Wahrheit heißt es: „Und die Götter schufen den Menschen nach ihrem Ebenbild.") In Wahrheit taten sie nichts anderes, als die vollkommene DNA des von ihnen geschaffenen Menschen zu verstümmeln. Wenn du es akzeptierst: „Ich bin Teil der Quelle allen Seins. Tief in mir bin ich die Vollkommenheit, die ich ersehne", dann kannst und wirst du nie wieder die Verantwortung abgeben für alles, was dir widerfährt. Nicht einmal an irgendeinen dubiosen Gott – da draußen!

Und… ganz egal, ob du es glaubst oder nicht: Alles, was du denkst, sagst und tust, wird sich immer und zu jeder Zeit manifestieren, denn du bist Göttin, bist Gott, und damit bist du Schöpferin, Schöpfer, Erschaffer, Erschafferin deiner Welt, Miterschaffer der Welt, wie sie sich dir – da draußen - präsentiert.

Es gibt nur diese eine Wahrheit: **Du bist das, was du denkst, das du bist**. Dein Leben ist, was du denkst, das es ist usw. Wir werden in den folgenden Kapiteln noch genauer darauf eingehen. Bleiben wir heute dabei, wie du dir deine Welt so erschaffen kannst, wie du sie haben willst, deine Welt, in der du glücklich bist, in der du erfüllt und voller Freude bist. Wohlgemerkt: Es geht hier nur um deine eigene, kleine persönliche Welt. Die große Welt da draußen kannst du tatsächlich nicht alleine verändern. Doch wenn viele wie du ihre eigene Welt heilen, dann wird das Gleichgewicht der Waage des Lebens vielleicht irgendwann viele andere Welten zu einer großen Welt voller universeller Freude vereinen. Darum starte mit dir, beginne mit dir, denke einmal nur an dich und an dein wundervolles Leben, das darauf wartet, von dir mit Leben erfüllt zu werden.

Vielleicht hast du irgendwann gelernt, dass Schöpfung aus dem Gedanken entsteht, dem gesprochenen Wort und schließlich der Tat, frei nach dem Motto: „Erst denken, dann handeln." Vielleicht hast du auch erfahren, dass dieses bisher nicht immer sonderlich gut funktioniert hat. Die Ergebnisse waren unbefriedigend? Nun, dann wird es wohl aller Wahrscheinlichkeit nach auch in Zukunft nicht auf die alte Weise harmonisch funktionieren. Darum versuche doch einmal einen anderen Weg. Beginne damit, dass du etwas tust. Beginne mit der Handlung, mit der Tat, frei nach dem Motto: Erst tun, dann denken.

Erst handeln, dann denken. Dies bewirkt letztendlich auch die Veränderung deines ursprünglichen Gedankens der Angst, der sich aufgrund all deiner Erfahrungen und anerzogenen Gedanken verfestigt hat und in Angst verharrt.

Tritt heraus aus dem Denken, dass es auf dieser Erde Fehler geben könnte. Schaue dich um in der Natur. Betrachte dir die Fülle im Universum. Es ist alles im Überfluss da. Wenn du jedoch in der Dimension denkst, dass nicht genug da ist, nicht genug Zeit, nicht genug Liebe, nicht genug Mitgefühl, nicht genug Geld, nicht genug Freundlichkeit, nicht genug Verständnis, nicht genug Hilfe von „oben“ usw., wird jeder erhellende, schöpferische, materialisierende Gedanke von diesem tief in dir verwurzelten Gedanken des Mangels abgeblockt. Schließlich gibt dir und deinem Unterbewusstsein die Erfahrung Recht, denn du hast alles ja schon oft ganz anders erfahren.

Mit dem alten Denken klappt es also nicht so wirklich gut. Daher erkenne: Nur neues, verändertes Denken erschafft deine neue Realität. Alles, was du nicht haben willst, wird also unweigerlich bestehen bleiben, wenn du ständig mit deinen Gedanken, Worten und Taten im alten Denken und Fühlen verharrst. Du wirst werden und sein, was du bekämpfst. Jedes „Ich will das nicht“ lässt dieses in deinem Leben tiefer Wurzeln schlagen.

Darum mache dir als Erstes bewusst: Eine Sache, eine Situation, ein Mensch, der/dem du dich widersetzt, bleibt unweigerlich in deinem Leben bestehen.

Wenn du zum Beispiel glaubst, dass du zu wenig Geld hast, dann gibst du energetisch bekannt, dass zu wenig da ist. Du schaffst dir deine Realität des Mangels. Nicht weil es so ist, sondern weil du *glaubst*, dass es so ist. Der Glaube kann bekanntlich Berge versetzen. Die erschaffende Kraft in dir erkennt: Aha, sie/er hat Mangel, gut, hat er Mangel, das scheint ihm oder ihr ja ganz gut zu gefallen. Und es bleibt, wie es ist.

Darum handele so, als wäre Überfluss vorhanden. Gib einem anderen Menschen das, was du selbst erhalten willst. Wenn du glaubst, dass zu wenig Liebe in der Welt ist, dann gib einem anderen Menschen Liebe, oder denke wenigstens liebevolle Gedanken. Wenn du glaubst, dass zu wenig Mitgefühl vorhanden ist, dann sei mitfühlend mit anderen, doch vor allem mit dir selbst. Wenn du glaubst, dass du zu wenig Geld hast, dann gib einem anderen Menschen, der weniger hat als du, ein wenig von deinem Geld. Damit sendest du der schöpferischen Kraft im Universum und dir das Signal, dass du Überfluss hast. Denn wir geben ja bekanntlich nur Dinge, die wir im Überfluss haben. Du kannst immer nur erhalten, was du bereits hast, was du bereits als deine Realität akzeptierst. Wer kennt nicht den Spruch: Geld geht dahin, wo Geld ist. Das liegt schlicht und ergreifend daran, dass Reichtum im Angstmangel nicht existieren kann.

Zugegeben: Es kann ängstlich machen, wenn du einem Menschen deine Zuneigung und/oder Liebe zeigst, obwohl du nicht weißt, ob der/die andere sie auch annimmt. Oder du verschenkst Geld an einen anderen Menschen, obwohl dein Konto selbst Ebbe aufzeigt. Doch genau das ist der Weg, dein eigenes, altes Mangeldenken zu überwinden und Fülle auf allen Ebenen zu signalisieren. Nur würde ich dir, wenn du sehr existenzangstgeprägt bist, nicht empfehlen, dein Geld wegzugeben. Genieße dein bisschen Geld und freue dich daran, dass es da ist, dann wird es auch weiter fließen. Und gib andere Dinge, die du im Überfluss hast, mit Freuden weg (Liebe, Mitgefühl, Zuwendung usw.).

Betrachte dir die überfließende Natur im Frühling. Erfreue dich am Erwachen unzähliger Blätter, Blüten und Früchte. Das ist Schöpfung in ihrer Vollkommenheit, Überfluss auf allen Ebenen. Sogar die Vögel singen freudig und jubilieren ihre Lebensfreude in den Himmel. Die jungen Tiere springen voller Lebensfreude über Wiesen. Schmetterlinge erstrahlen in wundervollen Farben. Das Leben quillt über von Neubeginn, Freude, Fülle und Lebendigkeit. Genau diese Erkenntnisse sind dein Weg, die Klammer der Angst zu erlösen. Erkenne, indem du es auf diese Weise erfährst: Alles ist auf der Erde im Überfluss vorhanden. Du musst nur die Augen öffnen und deinen Fokus darauf richten, wo Überfluss für dich sichtbar ist. Wenn du diesen Überfluss feierst und jeden Gedanken an Mangel ablegst, kann es keinen anderen Weg geben, und Überfluss tritt in dein Leben. Auch hier gilt wie in allen Dingen des Seins: Zuerst heile dein Denken, dein Tun, dein Inneres, dann wird die Fülle sich auch im Außen manifestieren! Denke bei Fülle nicht nur an Geld. Denke an Reichtum und Fülle auf allen Ebenen deines Seins, dann ist das Geld, das du brauchst, ebenfalls immer vorhanden.

Und wenn dann in Alltagssituationen immer noch Gedanken der Angst auftauchen, setze diesen Gedanken der Angst Gedanken der Liebe entgegen. Denkst du zum Beispiel: „Ich habe kein Geld!“, dann setze diesem Gedanken eine Tat entgegen, indem du ein wenig Geld für dich ausgibst und deinen Kauf genießt. Gönne dir zum Beispiel ein Eis und schlecke es genüsslich. Wenn du einen Ursprungsgedanken ablegen willst, dann handle in Übereinstimmung mit deinem neuen Gedanken, den du DENKEN WILLST. Doch handle schnell, sonst wird der Grundgedanke den neuen überdecken, bevor du ihn zu Ende gedacht hast. Aus diesem Grund handele, handele, handele, und dein neues Gewahrsein wird sich mehr und mehr in dir, für dich und das Wohl der Menschen auf der Erde festigen.

Gleichzeitig gilt es, deine Gedanken weiterhin umzuschulen. Dazu ist eine gewisse Gedankenkontrolle unumgänglich. Wann immer du Gedanken der Angst, des Mangels, des Nicht-wert-Seins, den Nicht-genug-geliebt-Seins usw. denkst, dann denke ab sofort so oft wie möglich den positiven Gegengedanken. Du musst nicht wie beim positiven Denken fest daran glauben oder affirmieren. Denke: Fülle, Freude, Liebe, Frieden usw., und dein Denken wird sich nach und nach umgestalten. Wisse: Nicht alle Gedanken, die du denkst, sind deine eigenen. Die meisten resultieren aus den angelernten Dingen, die dir in deiner Kindheit beigebracht wurden. Sie resultieren ebenfalls aus deinen Erfahrungen, die du aufgrund deiner angelernten Verhaltensweisen bis heute gemacht hast, und sie resultieren auch aus Seelenanteilen, mit denen du verbunden bist. Daher gilt es, dich selbst zu erfahren, deine Fragen (siehe oben) für dich zu beantworten, damit du völlig authentisch du selbst werden, sein und bleiben kannst.

Gleichzeitig ist es wichtig, auf die Wahl deiner Worte zu achten. Wenn du zum Beispiel sagst: „Ich will Erfolg! Ich will Liebe! Ich will einen Partner!“, dann teilst du dem schöpferischen Prinzip in deiner eigenen Göttlichkeit mit, dass du etwas willst. Die schöpfende Energie sagt: „Okay, du willst!“, und es wird bei deinem Wollen bleiben. Du wirst die Erfahrung des Wollens machen. Dein Unterbewusstsein, das auch der Hüter deiner Schöpferkraft ist, hat keine andere Wahl, als dir immer all das zu geben, was du verlangst, mit jedem Gedanken, den du denkst. Die Energie urteilt nicht über das, was du willst. Du bekommst immer das, was du willst, ob du willst oder nicht ☺, frei von Bewertung. Darum kann dir auch kein Gott aus deinem Elend heraushelfen. Darum kann auch kein Gott die Welt verbessern, weil die Welt ein Spiegel unserer kollektiven Erwartungen und Gedanken ist. Wer die Welt retten will, beginne bei seinen eigenen Gedanken. Wer Frieden in der Welt möchte, beginne mit Frieden am eigenen Frühstückstisch.

Achte auf deine Worte.
Gehe sparsam und achtsam mit dem Wörtchen ICH um.

Sobald du das Wort ICH benutzt, setzt du kraftvoll einen Schöpfungsakt in Gang. Darum besinne dich auf die Kraft des ICH. Ich bin Liebe, ich bin erfolgreich, ich habe einen liebevollen Partner. Ich kann das, ich bin gesund, ich bin voller Freude usw. Wenn du deine Realität verändern willst, dann ändere dein Denken und achte auf dein Reden, auf deine Worte.

Die Kraft des ICH BIN ist absolut. Sie ist der Motor des Erschaffens. Sie ist die Schöpferkraft in dir. Darum sage nie wieder Dinge wie: „Ich bin pleite, ich bin kraftlos, ich bin krank, ich kann nicht, ich bin ein Opfer" usw.

Selbst wenn du dich so fühlst, vergiss es und sage lieber gar nichts. Reden ist bekanntlich Silber, Schweigen ist Gold. Schaue dich immer wieder um und nimm wahr, was du an positiven Dingen besitzt. Dann sage: „ICH habe den Sonnenschein direkt vor meiner Nase. Toll! Ich bin gesund und munter.", usw. Hinterfrage jeden Gedanken und jedes Wort, das du dem ICH folgen lässt.

Es gibt in jedem Umfeld etwas Positives, das du dir erschaffen hast, erkennen kannst. „Sieh die Lilien auf dem Feld. Sie säen nicht, sie ernten nicht, und doch ernährt sie Mutter Erde." Konzentriere dein Bewusstsein auf die positiven Dinge in deinem Leben und sage immer wieder laut: DANKE. Danke für den schönen Morgen. Danke für die Sonne. Danke für den Überfluss, in dem wir hier leben dürfen. Danke für die Rosen im Garten. Danke für den Vogel, der vor meinem Fenster zwitschert (ist nicht ganz einfach, wenn er dich im Sommer mitten in der Nacht aus dem Schlaf trällert ☺), danke für den Job, den ich habe. Danke für das Lächeln des Nachbarn usw. Finde selbst die Dinge heraus, die für dich stimmig und freudig sind.

Indem du DANKE sagst, befasst du dich mit den schönen Seiten des Lebens und hast keine Zeit mehr, dich auf die andere Seite zu konzentrieren. Du signalisierst dem Universum, deinem Unterbewusstsein, dass du in der Fülle bist. Dieser Fülle in dir kann weitere Fülle folgen. In diesem Sinn wird dein Denken sich wandeln, und du wirst nur noch die Dinge erschaffen, die du wirklich in deinem Leben haben möchtest.

Das Gleiche gilt für Worte, die du ständig wiederholst. Wenn du ständig positive Worte sagst, dann wird irgendwann dein Leben von Positivität erfüllt sein.

Zugegeben, das klingt alles nicht sehr einfach. Doch es heißt wie in fast allen Bereichen des Lebens: üben, üben, üben und dir langsam bewusst werden, dass du ein wundervoller Mensch bist, dir dessen bewusst sein, was du selbst dir erschaffst.

Nun wird sich nicht sofort dein gesamtes Leben völlig verändern, doch mit der Zeit werden Erfolge sichtbar werden, und du kannst voll und ganz JA zu deinem Leben sagen.

Achte auf deine Sprache, wenn du das Wort „man“ benutzt. Wie oft sagst du „man“ statt „ich“?

Wer ist diese/r dubiose „man“, die oder der immer wieder von irgendjemandem erzählt, berichtet oder über etwas urteilt, nur scheinbar nicht von dem/der Sprecher/in? „Man sollte, man möchte, man würde am liebsten, man kann das doch nicht machen, man will da gar nicht hinsehen, da hat man komische Gefühle, da ist man sehr traurig, da ist man sehr fröhlich, da möchte man am liebsten dazwischengehen, da möchte man gerne was ändern“ usw.

Fühle in dich hinein. Fühlst du dich angesprochen, wenn dein Gegenüber auf diese Weise mit dir redet? Fragst du dich da nicht eher: „Wen meint er/oder sie denn nun wirklich?“ Sicher, du weißt, dass sie oder er sich selbst meint, doch dein Unterbewusstsein ist irritiert. Wenn du dann auch noch selbst in dieser Form von dir sprichst, dann distanziert sich dein Unterbewusstsein völlig von dir, deinem Selbst und von allem, was du gerade sagst. „Man“ existiert als Individuum nicht im Sprachgebrauch deines Unterbewusstseins. „Man“ ist ein absolutes Unwort. „Man“ distanziert dich von deinen Gefühlen, distanziert dich von dir selbst. „Man“ müsste Klavier spielen können..., dieser Mensch wird niemals Klavier spielen, wenn er nicht umdenkt und sagt: Ich erlerne jetzt das Klavierspielen. „Ich“ ist und bleibt das Zauberwort für dich und für jeden Menschen auf dieser wundervollen Erde.

Wir leben in einer Welt, die augenscheinlich nicht die beste ist. Es herrschen Hunger, Not, Kriege, Massentierhaltung, Umweltschäden usw. Achtzig Prozent der Menschen leben im Elend, Hunger, Not und Hoffnungslosigkeit. Nur cirka zwanzig Prozent leben in der westlichen

Welt. So sollten wir doch glauben, dass es uns hier im Westen gut geht. Dennoch war die innere Vereinsamung des Einzelnen gerade in der Welt des Überflusses, der westlichen Welt, noch nie so ausgeprägt wie heute.

Hören wir auf, nach Regierungen zu rufen, die es besser machen; nach einem Gott, der die Erde retten soll; einen Gott verantwortlich zu machen für die Zustände auf diesem Planeten und in unseren eigenen Beziehungen. Beginnen wir in unserem eigenen Denken, Reden und Handeln, denn das ist der einzige Ort, an dem die Göttin, der Gott in dir schöpferisch tätig sein kann. Nur so können wir die Welt revolutionieren. Heile dich selbst, heile dein alltägliches Sein, dann heilst du die Welt.

☆☆☆☆☆

Der Weg aus der Angst

Immer mehr Menschen leiden unter Angst- und Panikattacken, und das in einem Teil der Erde, in der wir relativ sicher sind vor Hungersnot, Umweltkatastrophen usw., Woher kommt diese Angst? Wie du bisher erfahren hast, gibt es nur diese beiden Pole. Das sind: Liebe und die Abwesenheit von Liebe: Angst. Je weiter du dich von deinem Ursprung, deinem wahren Sein, entfernst, desto größer wird die Angst. Angst vor der Zukunft; Angst vor geistigen Wesen, Angst vor Besetzung, Angst, ausgenutzt zu werden, Angst, verletzt zu werden, Angst vor der Liebe, Angst vor dem Alleinsein, Angst, nicht zu genügen, Angst vor spirituellen Angriffen usw. Kurz: Angst in jeder ihrer eigenen, möglichen Ausdrucksformen.

Jeder Ausdruck von Angst zeigt dir jedoch nur, dass du dich bereits sehr weit von deiner wahren Größe und deiner Verbindung zur Quelle entfernt hast. Hier kann die Meditation, die Jeshua in Sananda dir auf den ersten Seiten dieses Buches schenkte, eine großartige Hilfe sein, aus deiner Angst herauszutreten.

In der heutigen Zeit wird es immer wichtiger, das Wesen der Angst als das zu verstehen, was es wirklich ist: die Abwesenheit der göttlichen Energie und des Lichts in deinem Leben, durch deine Erfahrungen in diesem und vielleicht auch in anderen Leben. Angst setzt sich zum großen Teil zusammen aus Gefühlen der Getrenntheit, der Einsamkeit und aus alten Glaubenssätzen, blinden Flecken im eigenen Bewusstsein und sämtlichen Bewusstseinsinhalten, die tief im Inneren verborgen liegen. Natürlich gibt es auch Ängste, die astraler Natur sind. Doch auch diese können nur greifen, wenn du dafür offen bist, sie selbst erschaffen und eingeladen hast. Merke dir:

Angst und Sorge sind Emotionen aus dem bewertenden Ego.

Deine Seele kennt keine Sorgen und auch keine Ängste.

Deine Seele hat immer Lösungen.

In der heutigen Zeit findet der Aufstieg auf allen Ebenen statt. Da es kurz vor der Dämmerung bekanntlich am dunkelsten ist, erleben viele Lichtarbeiter, wenn sie sich immer weiter auf das Licht zubewegen, es tiefer in sich selbst integrieren, einen sehr starken Eindruck der Dunkelheit. Doch es ist immer deine eigene Dunkelheit, vor der du dich fürchtest. In dieser Dualität wird Licht nun einmal durch Schatten definiert. Je mehr Licht (positive Energie) du selbst in dein Leben integrieren möchtest und ausstrahlst, desto mehr nimmst du den Schatten wahr, der dich oft erst das Licht als solches erkennen lässt.

Wenn du verinnerlichst, dass du ein Ausdruck der Quelle bist, dass du unvergänglich, unveränderlich Licht und Liebe bist, dann werden dich deine Ängste und Sorgen verlassen. Du weißt dann tief in dir, dass du unverletzbar, ein vollkommener Ausdruck der Göttlichkeit bist, die alle Universen erschafft und zusammenhält. Natürlich kann dein Körper Schaden nehmen, wenn du unachtsam bist, doch deine Seele ist unzerstörbar und findet immer den Weg zurück zur Urquelle, deren Teil sie ist.

Du erinnert dich sicherlich an die Geschichte vom Fall des Engels Luzifer. Luzifer wollte nicht nur gottgleich sein, nein, er trat in direkte Konkurrenz zu Gott und wollte angeblich Gott selbst sein. Doch im Grunde wollte er nur nicht anerkennen, dass der selbsternannte Diktator der Raumflotte besser ist als alle anderen. Gott waren sie nur für die Menschen auf der Erde, welche die Männer, die in donnernden Feuerwagen vom Himmel kamen, für Götter hielten. Der Lichtbringer wurde auf die Erde verbannt und hat angeblich die Macht über das duale Universum erhalten. Zusätzlich soll er noch, nach wie vor, angeblich in ständigem Kampf mit Erzengel Michael sein, der ihm gleichgestellt ist.(?) Doch wie wir heute wissen, ist Luzifer hier in der Energie der Erde, weil er Gaia liebt. Es sind die Religionen, die aus ihm einen so genannten Teufel machen wollten, was ihnen ja auch lange Zeit gelungen ist. Ist nicht eher der, der ihn verbannte, jener welcher? Egal! Wichtig ist zu wissen: Immer dann, wenn du unterscheidest zwischen Gut und Böse, gibst du dem dunklen Einfluss nach, dass es einen Unterschied innerhalb eines Gottes gibt, den du gerade in diesem Augenblick suchst.

Damit ist der Weg geebnet, dass Ängste sich in deinem Leben manifestieren können. Merke dir: Jede Angst resultiert nur aus Unwissen. Daher informiere dich, dann wird die Angst verschwinden.

Dass dem nicht so ist, sondern Gut und Böse im Grunde nicht existieren, ist für unser Denken nur sehr schwer nachzuvollziehen. Wenn wir uns umschauen in dieser Welt, ist es auch ganz gut so, dass dieses Wissen noch nicht zum Allgemeingut geworden ist. Es würde nämlich jedem, der sich für das Dasein eines Schurken entschieden hat, Tür und Tor öffnen. Denn es ist ja alles gut so, wie es ist!

Jede Form von akuter Angst kann mit einer Bitte um Hilfe an die Geistige Welt auch von Erzengel Michael geheilt werden. Dazu gibt es viele Möglichkeiten der Kontaktaufnahme. Es reicht im Grunde, wenn du merkst, dass sich eine Angstattacke ankündigt, ein kurzes Stoßgebet zu Michael, Jesus, oder wem auch immer du vertraust, mit der Bitte, dir zu Hilfe zu eilen und dich darin zu unterstützen, die Angriffe der Dunkelheit zurückzuweisen. Doch wenn die Situation sich geklärt hat, lehne dich nicht zurück, sondern erforsche die Ursache deiner Angst in deinen eigenen inneren Abgründen.

Die Angst scheint sehr real zu existieren, weil die in der äußeren Welt gesammelten Erfahrungen dem menschlichen Intellekt als Beweis für ihre Richtigkeit genügen.

Es ist daher wichtig, dass du mit einem reinen Geist allen deinen jemals gemachten Erfahrungen begegnest. Wenn Ängste sich ankündigen, konzentriere dich auf Liebe und auf dein Wissen, dass das Licht der Quelle in dir existiert, du selbst Göttin oder Gott bist. Du bist reiner Geist, im Fleisch inkarniert. In deiner ursprünglichen Form bist du völlig frei von Ängsten, weil es absolut nichts gibt, was dir schaden könnte. Du kannst dich aus der Angst lösen, indem du dir dein Leben als Gemälde vorstellst, das du bisher selbst gemalt hast. Betrachte den Ausschnitt deines Gemäldes, das deine Angst zeigt, als mit einer Fehlfarbe gemalt. Nimm dann in deiner Vorstellung einen Pinsel und übermale diese unpassende Farbe mit einer warmen Farbe deiner Wahl. Du bist das Selbst in seiner reinsten und lichtvollsten Form. Du bist jedoch niemals das Bild, das du von dir gemalt hast, es sei denn, du wünscht es so für dich.

Lerne, wieder du selbst zu sein, lerne, spontan in deinem Denken und Handeln zu werden und dann zu sein. Dann kannst du gar keine Ängste mehr wachsen lassen. Doch stattdessen gehen die meisten Menschen diesen altvertrauten Weg. Eine Angst, eine Situation kündigt sich an; du beginnst dich zu erinnern, was in ähnlichen Fällen bereits geschehen ist, anstatt in der Gegenwart zu bleiben und festzustellen: „Oh, da kommt wieder diese Angst vor der Zukunft auf mich zu", und dann zu fragen: „Wie geht es mir JETZT?" Und zwar genau jetzt in diesem Augenblick. Wenn du spürst, jetzt geht es dir auch nicht gerade berauschend, weil du vielleicht schlecht geschlafen hast, Geldsorgen dich drücken oder du aus irgendeinem anderen Grund schlechter Laune bist, dann tu etwas, damit es dir JETZT besser geht. Für den einen mag das Musik sein, für die andere ein Spaziergang in der Natur, vielleicht eine warme Dusche, ein schönes Bad mit Musik und einem Gläschen Sekt, für den nächsten ein lustiger Film, von dem er/sie weiß, dass sie/er das Lachen nicht lassen kann. Dann sei spontan und tu es, damit es dir JETZT gut geht. Und aus diesem JETZT begegne deinen Ängsten. Das JETZT ist wunderschön. Wow, so ist mein Leben! Und so wird sich dieses freudvolle Jetzt wundervoll in deine dauerhafte Realität verwandeln können.

Erkenne: Es gibt nur das Jetzt! Gestern ist vorbei, morgen ist noch nicht da. Also sind beide Illusion. Nur das JETZT ist entscheidend dafür, wie du dich fühlst, wie du dich spürst. Wenn du aus deinem Leben ein ewiges Jetzt machst und lernst, dafür zu sorgen, dass es dir in diesem Jetzt wunderbar geht, du dich selbst fühlst, das Leben spürst, anerkennst, dass die Schöpfung ein strahlendes Wunder ist und du ein wahrer Ausdruck der Göttlichkeit bist, dann können Ängste und Sorgen in deinem Leben nicht mehr greifen. Denn du weißt: Göttin und Gott sind überall, und sie oder er lebt in dir.

Natürlich erfordert das eine Zeit der Selbstbeobachtung und Selbstdisziplin. Doch nach spätestens drei Wochen ist es zu deiner Welt geworden. Darum lohnt sich dieser Einsatz, in jeder Situation im JETZT das Schöne zu suchen und die Konzentration darauf zu lenken.

War es vielleicht bis vor einigen Jahren noch notwendig, sämtliche Kindheitserinnerungen neu zu erfahren, um sie zu erlösen, etliche Rückführungen hinter sich zu bringen, um endlich einen Ansatzpunkt an die eigentliche Größe zu finden, so ist das heute nicht mehr wirklich notwendig. Du hast erfahren, dass die Zeit viel schneller läuft als noch vor einigen Jahren. Ein Tag ist heute vorbei, kaum dass er begonnen hat. Daher kannst du auch deine alten Erfahrungen und deine alten Ängste schneller auflösen. JA, du kannst es sogar schaffen, dich innerhalb einer intensiven Stunde geistiger Arbeit von karmischen Verbindungen mit einem anderen Menschen zu befreien.

Du hattest zuvor die Aufgabe, dir das höchste Bild deiner selbst zu erschaffen und aufzuschreiben. Warst du es dir selbst wert, das für dich und dein wundervolles Leben, auf das du zugehen wirst, zu tun? Wenn du es noch nicht getan hast, dann sei es dir JETZT wert und erledige diese Aufgabe für dich ganz allein. Warum ich dich darum bitte? Weil die Erfüllung deiner Aufgabe dir immer wieder zeigen kann und wird, dass du wunderbar bist. Du bist vollkommener Ausdruck der Quelle. Du bist reiner Geist, der in die Materie hinabgestiegen ist. Du bist nicht von dieser Welt, doch du lebst auf ihr. Wenn der erste Auftrag war: „Macht euch die Erde untertan“, so kannst du hier und jetzt damit beginnen, zu erkennen:

ICH BIN reiner Geist, und die Materie, die ich erfahre, ist mein Geschöpf.

Lass dich nicht länger von deinem eigenen Geschöpf versklaven. Sei endlich die Meisterin, der Meister deiner eigenen Schöpfungen. Dann wirst du dir eine Welt erschaffen, die einem Mensch gewordenen Gott, einer Mensch gewordenen Göttin, gerecht wird.

Es sind viele unbewusste Gedanken, die sich unter verschiedenen Aspekten in dein Leben und Denken schleichen, ohne dass dir bewusst ist, womit du die Erschaffung deiner höchsten vollkommenen Realität selbst verhinderst.

Vielleicht hältst du dich für sehr gut, weil du das Böse oder das, was du dafür hältst, verabscheust. Wenn du dich jedoch darauf konzentrierst, was so vermeintlich böse ist, dann erschaffst du es dir neu.

Wenn du arm bist und deinen Geldmangel rechtfertigst, indem du reiche Menschen für skrupellos, egoistisch oder was auch immer hältst, dann erschaffst du dir weiteren Geldmangel. Du hast vielleicht den inneren Glaubenssatz, dass Geld stinkt, den Charakter verdirbt oder etwas Schlechtes ist usw.. Damit verfestigst du deinen Zustand des finanziellen Mangels.

Bleiben wir einmal bei diesem Thema, um es zu vertiefen. Es trifft auf alle Ängste zu, und wir wählen bewusst das Thema Geld, weil oft gerade die Menschen, die glauben, auf „dem Weg“ zu sein, eine sehr absonderliche Einstellung zu Geld haben.

Wenn du zum Beispiel knapp bei Kasse bist und denkst: „Oh je, diese Rechnung kann ich niemals bezahlen; dieses oder jenes kann ich mir nicht leisten, wie soll ich nur die ganzen Kosten tragen; um Gottes Willen, wenn mein Auto den Geist aufgibt, ich habe kein Geld für eine Reparatur; mein Kind hat Geburtstag und ich kann es mir eigentlich nicht leisten, das teure Videospiel zu kaufen, ich habe aber auch immer Pech“, und gleichzeitig denkst, dass alle Menschen, die Geld haben, unglücklich im Herzen sind, dann sagen wir dir, dass es hinderlich ist, so zu denken.

Nun bist du vielleicht entrüstet und sagst:

„Aber es ist doch wahr. Ich bin knapp und kann die Rechnung nicht bezahlen.“ Möglicherweise denkst du sogar, du seist für diese Welt nicht geschaffen, du willst gar nicht hier sein, bist zu gut für diese Welt, ausgesetzt in eine fremde Welt usw. Indem du das tust, hältst du an der Überzeugung fest, dass all dies die Realität ist, und du wirst damit diese deine eigene Realität unweigerlich festhalten.

So hat sich jede deiner jetzigen Situation manifestiert und wird sich, wenn du nichts in deinem Denken änderst, auch weiterhin manifestieren. Sei dir daher immer wieder bewusst:

Du bist nicht nur Empfänger, sondern auch Besteller dessen, was du an das Universum, an die Schöpferkraft, aussendest. Niemand kann für dich etwas bestellen, was du nicht haben willst. Deine Gedanken, Gefühle und Glaubenssätze sind elektromagnetische Energie. Diese verbinden sich immer mit gleichen Energiestrahlen anderer Menschen, die ebenso denken. Mit deinen Ängsten erreichst du unterwegs die Ängste anderer und bringst sie in dein eigenes Leben zurück. Hinzu kommt, dass du unweigerlich auf Menschen treffen wirst, die mit dieser deiner Energie in Resonanz stehen. Darum haben so wenige erfolg**lose** Menschen wirklich erfolg**reiche** Freunde.

Wenn also deine Gedanken um Befürchtungen und Ängste kreisen, können sie sogar so stark werden, dass du in der Nacht von Katastrophen träumst. Wenn dich solche Träume quälen, dann durchforste deine Glaubenssätze und bitte deine spirituellen Begleiter um Hilfe in deinem Alltag und in deinem Schlaf, denn es ist gut möglich, dass du sonst manches Mal am Morgen aufwachst und „der Tag ist bereits gelaufen“.

Deine Gedanken erschaffen dein Leben. Wenn du an Mangel denkst, wirst du Mangel erschaffen. Wenn du Angst denkst, wirst du Angst erschaffen. Wenn du Krankheit denkst, wirst du Krankheit erschaffen.

Erkenne in solchen Fällen den positiven Gegengedanken, zum Beispiel: „Gesundheit und Reichtum sind alles, was existiert." Das zieht zwar möglicherweise innere Diskussionen nach sich, doch bleibe einfach dabei. „Liebe ist alles, was existiert." „Ich bin Liebe und liebenswert." Auf diese Weise wirst du dich mit der Zeit von deinem durch dich erschaffenen Mangel selbst befreien.

Falls du ständig an deine Ängste denkst und sie dadurch mit deinen Gedanken festhältst, werden sie dir unweigerlich begegnen. Darum stelle dich deinen Ängsten, schaue sie an, lache ihnen ins Gesicht und tue das, was weiter oben aufgezeigt wurde. Konzentriere dich auf das positive Gegenteil. Sorge für Freude und Fröhlichkeit in deinem JETZT. Dann werden alle diese wundervollen Dinge eintreten, dich begleiten und zu einem festen Bestandteil in deinem Leben werden.

Alle in dir ruhenden Begabungen und Talente werden sich entfalten, wenn du dich entscheidest, sie zur Entfaltung zu bringen. Die Entscheidung, dein volles Potenzial zu erschließen, ermöglicht der Schöpferkraft in dir, sich selbst zu aktivieren. Dein Lebensweg ist nirgendwo festgeschrieben, und es gibt nie einen Weg, der keinen Ausweg bietet. Wenn du einsam bist, erkenne, dass du vielleicht Menschen bisher sehr distanziert entgegengekommen bist und sie vielleicht sogar im Grunde deines Herzens verurteilst oder ablehnst. Wenn du keinen Partner findest, dann schaue dir an, was du von Männern oder

Frauen hältst und wie du über sie denkst und redest.

Und dann: Sieh dich selbst in einem strahlenden Licht, sieh dich umgeben von Freunden, mit bezahlten Rechnungen, mit der Weisheit, die du dir wünscht, oder was immer es auch sein mag. Konzentriere dich auf das höchste Bild, auf den Gegenpol der Realität, die dich heute belastet, und halte an diesem Bild fest. Das, was dich heute ängstigt und belastet, ist nur der Gegenpol der Vollkommenheit, die längst irgendwo verborgen in dir ruht. Konzentriere dich auf das Gewünschte, und wenn Zweifel auftreten, dann erkläre dem Zweifel, dass du dir die Rückseite der Medaille betrachtest, denn Licht bedingt Schatten, und Schatten bedingt Licht.

Denke immer an deinen persönlichen Ort der Kraft – das JETZT. Triff in diesem JETZT deine Wahl, welches ICH und welche WELT du verwirklichst.

Darum nimm dir für die nächsten vier Wochen Folgendes vor.

- Nur noch das Höchste von dir zu denken.
- Nur noch das Beste für dich zu erwarten.
- Dafür zu sorgen, dass es dir JETZT gut geht.
- Wenn du dich bei einem niederen Gedanken über dich, die Welt und das Leben ertappst, kehre um, lobe dich, dass du es erkannt hast, und denke das Höchste.

Bei allem, was du tust, frage dich:

- Ist es mein innerer Wunsch?
- Macht es mir wirklichen Spaß und bringt es mir göttliche Freude?
- Dient es dem Licht in mir und in dieser Welt?

Ich wünsche dir ein wundervolles Leben.

Wenn du magst, verteile überall in deinem Haus kleine Zettel mit einem der folgenden Sätze, oder einem ähnlichen, den du in deinen eigenen Worten formulierst. Lies ihn jedes Mal laut vor, wenn du daran vorbeigehst:

- ICH BIN, was ich bin.
- ICH BIN Liebe, und ich bin Erkenntnis.
- ICH BIN Liebe, und ich bin reine Energie.
- ICH BIN Liebe, und ich bin liebenswert.
- ICH BIN reine, klare Schöpferkraft.
- Ich trete das Erbe meiner eigenen Vollkommenheit jetzt an.
  - Ich bitte die Quelle allen Seins.
  - Ich bitte meine/n persönlichen spirituelle/n Begleiter/Begleiterin.
  - Ich bitte die Engel, mich zu unterstützen, so zu sein, wie ich wirklich bin, und mich zu verbinden mit dem, was ich wirklich bin.
- ICH BIN, was ich bin.

Wer ist Gott? – Selbstfindung und Selbstliebe

Wir gehen immer ganz selbstverständlich davon aus, dass du an Gott, an das Alles-was-ist, glaubst und weißt, dass du auch weiterhin auf dem Weg zu deiner eigenen Göttlichkeit bist. Wir gehen davon aus, dass du weißt, was mit Gott gemeint ist.

Solltest du zu den Menschen gehören, die nicht an die große Schöpferkraft glauben, die manche unter euch ebenfalls Gott nennen, dann liegt das vielleicht an deiner Vorstellung, wer oder was Gott wirklich ist. Es geht darum, den Begriff Gott zu heilen, ihn zu entmännlichen, ihn in die Vollkommenheit zurückzuführen, denn in Wahrheit bist du selbst ein Gott, eine Göttin.

Alle Religionen haben einen Gott kreiert, der dem kalt analysierenden Verstand entspringt. Dieser Gott dient dem machtstrebenden Menschen dazu, einen bewertenden, strafenden Gott als Druck- und Machtmittel zu benutzen. Darum ist es wichtig, wenn du Gott in dir selbst und in jedem anderen Menschen und Wesen erkennen willst, dass du alle deine Vorstellungen und Glaubenssätze zu dem, was oder wer Gott ist, vergisst.

Doch wie könnten wir Gott erklären? Wie sollten Gott und Göttin sich selbst erklären? Wie sollte die Quelle dem Verstand begreiflich machen, was in unserer Dimension unerklärbar ist? Um Gott wirklich zu finden, musst du die Verstandesebene verlassen und deine Intuition schulen, dein Hohes Selbst, dein ICH-BIN in diese Dimension einladen und integrieren. Da Gott so vielfach ist, dass der Verstand sie/ihn nicht fassen kann, wurde die Möglichkeit geschaffen, Gott in allen Religionen zu verkörperlichen und einen strengen, strafenden Richter aus ihm zu machen. Sie, die Schöpferin, die Göttin, wurde verbannt.

Und dieser von Menschen erschaffene Gott ist der Ursprung allen Unglücks, weil er dem Menschen nicht die freie Wahl lässt, den eigenen Weg der Seele zu gehen.

Gott ist nicht der große Rächer der Sünder, Gott hat nicht die Hölle, weder an einem spektakulären Ort im Jenseits noch hier auf dieser Erde, geschaffen. Kein Gott ist verantwortlich für alles, was auf dieser Erde geschieht. Jeder einzelne Mensch auf dieser Erde ist Gott und Göttin, hat all dies selbst erschaffen und erschafft es heute noch täglich neu.

Gott ist einfach alles, was existiert. Also bist auch du Göttin oder Gott. Wir alle sind Teil in einem großen Plan, den wir selbst einst planten, und jeder Einzelne von uns hat seine sich selbst erwählte Existenz und Aufgabe auf diesem Planeten.

Nun hören wir immer wieder, dass Menschen sich als Opfer ihrer Umstände empfinden. Immer wieder werden wir damit konfrontiert, anderen Menschen zu erklären, wie sie sich aus der Macht eines vermeintlich über ihnen stehenden Menschen oder Gottes befreien können, der scheinbar ihr Leben beeinflusst oder gar blockiert. Immer wieder werden wir gefragt, wieso Gott all diese Not und all das Elend auf diesem Planeten zulässt. Warum Gott es zulasse, dass Kinder sterben, in Kriegen geschunden werden, warum Tiere so leiden müssen usw. Du kennst sicherlich selbst diese Fragen.

Doch nun ist es wichtig zu erkennen: Gott existiert nicht getrennt von dir. Gott existiert nicht getrennt von diesem Planeten. Gott, die Göttin, ist die universelle Liebesenergie, Lebensenergie, die in Allem-was-ist lebendig ist.

Elend, Not, Massentierhaltung, Kriege und Kindersterben sind Spiegel eures kollektiven Denkens, Fühlens und Handelns. Sie sind jedoch auch die Chance, dass der Mensch endlich wieder lernt, Mitgefühl und Barmherzigkeit zu leben. Sie sind die Chance für jeden Menschen, endlich die Selbstverantwortlichkeit am Weltgeschehen zu tragen.

Gott und Göttin erschufen sich selbst aus der Quelle, gaben sich den freien Willen. Wir haben den freien Willen, dem Licht (= Liebe) oder der Abwesenheit von Licht (= Angst) zu folgen. Die Dunkelheit beginnt meist im Verstehen-Wollen, im Intellektualisieren, wer oder was Gott ist, was das Universum ist, was hier überhaupt los ist. Jedes

Mal, wenn du "Gott" sagst, über ihn sprichst, gibst du ihm die Macht über dein Leben. So entstand die Illusion der Dunkelheit aus dem Ver-Stehen-Wollen. Wie viele Menschen wollen auch heute noch, oder wieder, alles verstehen, anstatt endlich wieder einfach nur zu fühlen? Da wird Gott auseinandergenommen, seziert, da werden einem trennenden Gott Dinge untergeschoben, die euch unbequem sind, da wird wissenschaftlich festgestellt, dass es keinen Gott gibt usw. Diese Liste ließe sich ellenlang fortsetzen. Die Menschheit hat sich frühzeitig im alten Atlantis einen neuen Gott erschaffen, nämlich den Gott – Verstand, Intellekt. Der ist dann auch wieder männlich, bewertend, urteilend.

Unglücklicherweise blieb dabei die Göttin, nämlich die Seele jeden Gottes, lange Zeit auf der Strecke. Doch heute, wo ihr wieder an einem Punkt seid, an dem Göttin und Gott euch in euch selbst nahe ist und die Lichtenergie verstärkt wieder auf dieser Erde weilt, wird wieder alles daran gesetzt, den Intellekt zum neuen Gott der Neuen Welt hochzustilisieren und ihn als den alleinigen Begreifer der Neu- und Wendezeit in den Vordergrund zu stellen.

Logischerweise hört spätestens damit die Fähigkeit auf, das eigene Leben, das Leben auf der Erde, als selbstkreiert zu akzeptieren und auf genau diesem Wege eine Veränderung vorzunehmen. Denn der Verstand denkt immer in Form von Bewertung: Besser – Schlechter, Gut – Schlecht, Hell – Dunkel, Gut – Böse usw. Der Verstandesmensch diskutiert letztlich auch die universelle Weisheit und Wahrheit in Grund und Boden. Damit ist dem Fühlen, dem Hineinspüren in das alte Wissen, das in jedem Menschen verankert ist, Tür und Tor versperrt. Wir sagen es seit vielen, vielen Jahren: Beginne damit, dir deinen Intellekt zum Diener deiner Seele zu machen. Nur, wie weit bist du damit gekommen?

Wenn auch du zu den Menschen gehörst, die erwarten, dass von außen etwas geschieht, was dein Leben leichter und lebenswerter macht, dann müssen wir dich leider enttäuschen. Auch die Hinweise in diesem Buch können dein Leben nicht verändern, wenn du sie nicht anwendest, wenn du nicht erkennst, dass nichts, aber auch rein gar nichts in deinem Leben geschieht, was du dir nicht selbst erschaffen und erwünscht hast. Wenn du Probleme hast in deinem Leben, dann nur aus einem Grund: Du liebst deine Probleme, du liebst deine Geldschwierigkeiten, deine Beziehungsprobleme, deine Krankheiten, deine Probleme mit dir selbst und auch deine Ängste. Natürlich ist dir das nicht bewusst, denn du möchtest das ja so gerne alles loswerden und ein glückliches Leben haben. Doch alle diese Probleme bringen dir noch auf irgendeiner Ebene einen negativen Lustgewinn. Frage dich, welchen negativen Vorteil dir solche Verhaftungen bescheren.

Die größte Macht auf Erden, die ein Mensch über einen anderen Menschen ausüben kann, ist witzigerweise Schwäche. Schwache, kranke, jammernde Menschen, die ach so lieben Opfermenschen, die ständig mit Leiden beschäftigt sind, haben ihre Umwelt voll im Griff, weil niemand wagt, diesen „armen Menschen“ die eigene Freiheit abzuverlangen. Somit haben alle Opfer einen negativen Lustgewinn aus der Macht, die sie durch ihre Schwäche über andere Menschen ausüben können. Schalte um von Mit**leiden** auf Mit**fühlen**, von Opfer auf Verantwortung. Nimm deine Selbstermächtigung in dein Leben auf.

Darum wiederholen wir noch einmal: In deinem Leben geschieht nichts, aber auch absolut gar nichts, was nicht aus deinem eigenen Denken kommt. Dein Denken, das aus alten Glaubenssätzen immer wieder die alten Erfahrungen und Affirmationen abspult, die da sein können:

- Ich bin nicht gut genug.
- Ich bin besser als andere.
- Ich habe kein Recht.
- Das steht mir nicht zu.
- Das muss ich mir erst verdienen.
- Ich bin zu klein, um etwas zu erreichen.
- Ich bin nicht intelligent genug.
- Ich verliere immer alles, was ich liebe.
- Ich bin ein Verlierer.
- Nie habe ich Glück.
- Immer geht es anderen besser.
- Immer bin ich die/der Böse – Schuldige – Angeklagte usw.
- Ich wurde nicht auf der Sonnenseite geboren.

- Andere sind immer stärker als ich – haben mehr Glück als ich.
- Ich bin immer der/die Dumme.
- Ich bin nicht liebenswert.
- Ich bin nicht schön genug, nicht reich genug, nicht mehr jung genug.
- Ich muss Leistung erbringen, damit andere mich mögen usw.

Dann kommen noch die Wenn – dann – Glaubenssätze, das Warten auf den Weihnachtsmann, den Märchenprinzen oder wen auch immer.

- Wenn ich andere Eltern hätte, dann hätte ich glücklich werden können.
- Wenn ich reich wäre, dann könnte ich mein Leben so gestalten, wie ich möchte.
- Wenn ich eine andere Schulbildung hätte, dann könnte ich den Job wechseln, hätte einen anderen Start gehabt, hätte lernen können, was mein Wunsch ist usw.
- Wenn ich mehr Wissen hätte, dann könnte ich komplizierte Zusammenhänge begreifen, dann könnte ich mehr verdienen, spiritueller sein usw.
- Wenn ich einen anderen Partner hätte, dann könnte ich eine liebevolle Beziehung leben, liebevoller sein, ausgefüllter sein usw.
- Wenn ich mehr Geld hätte, dann könnte ich endlich die Welt retten, Heiler sein, meiner Bestimmung folgen usw.
- Wenn, … dann.

Schau dir also bitte deine Glaubenssätze in Bezug auf Wenn – Dann an.

Das soll erst mal genug sein an Beispielen für Glaubenssätze, die in deinem Unbewussten schlummern könnten und ganz subtil dein Denken beeinflussen. Wenn du mit diesen Glaubenssätzen, die ja letztlich deine unbewussten Affirmationen sind, die immer wieder im Schatten ablaufen, nicht klarkommst, nicht mit ihnen aufräumst, dann wird sich auch in deinem Leben nicht das Geringste ändern können, oder eben erst durch weiteres Leid und Schmerz, bis du irgendwann den einen oder anderen Glaubenssatz aufgibst.

Nun reicht aber ein Leben nicht aus, um so viel Schmerz zu bewältigen, der jeder leidvollen Auflösung eines Glaubenssatzes vorangehen muss. Also folgen neue Inkarnationen, neue Glaubenssätze, und damit ein ewiger Kreis von Inkarnationen. Und weil alle diese Vorgänge vom Verstand nicht so recht erfasst werden können, muss eben ein Gott außerhalb von dir herhalten, der dir dieses Schicksal auferlegt hat, weil ja angeblich nur der Leidensweg letztlich in die Glückseligkeit, in den Himmel nach dem Tod führen kann. Wen Gott liebt, den züchtigt er. Und die meisten Menschen auf dieser Erde folgen dieser Irrlehre und entlassen sich aus der Verantwortung für ihr eigenes Sein. Aus Angst vor der Strafe irgendeines Gottes.

Nun sind wir heute an einem Punkt in der Entwicklung dieses Planeten angelangt, an dem die Erde in eine lichtvolle Phase eintreten kann, will, darf und soll. Und du hast die Ehre, die Erde auf diesem Weg zu begleiten. Diese Zyklen haben sich auf dieser Erde schon sehr oft ereignet; nach einer Phase des Lichts, kam eine Phase der Dunkelheit. Die Dunkelheit liegt zum großen Teil erst einmal hinter euch. Darum habt ihr heute die Möglichkeit, diese Glaubenssätze und Muster sehr viel schneller zu erlösen als zu allen Zeiten bisher. Es ist deine Aufgabe, dafür zu sorgen, dass der Kreislauf beendet und dieser Phase des Lichts nicht eine weitere Phase der Dunkelheit folgen wird. Die Erde wird aufsteigen, und mit ihr alle Menschen, die das Licht auf der Erde verstärkt haben. Für die anderen wird sich scheinbar nichts ändern. Doch die Zeiten werden wieder langsamer, schwerer, und das Licht zieht sich aus dieser Dimension für einige tausend Jahre erst einmal wieder zurück. Das haben wir wieder und wieder in vielen Inkarnationen erfahren. Da wir in dieser ganz besonderen und aufregenden Zeit leben, gilt dieses auch für alle Anhaftungen, die uns belasten und mit denen wir uns selbst im Weg stehen.

Daher nimm dir nochmals die Hinweise zu den Übungen vor und mache in deinem eigenen Interesse die vorgeschlagenen Übungen, wenn du es dir wert bist.

Wer oder was also ist nun Gott? Um es ganz einfach auszudrücken: Es gibt ihn nicht in der Form, in der er euch verkauft wird. Er dient dazu, euch zu verblenden, die Größe, die euch innewohnt, nicht zu erkennen. Er dient dazu, die Göttin im Dunklen zu halten. Er dient dazu, alle Macht einigen wenigen Männern auf der Erde zu ermöglichen, die euch wie eine Herde Sklaven halten.

Gott und Göttin ist jede/r von euch. Sie sind das Licht, das erkennen will, was das Licht ist. Im Licht kann Licht sich nicht erfahren, in der Liebe kann die Liebe sich nicht erfahren. Darum erfand ein Gott die Dunkelheit, um in der Abwesenheit vom Licht zu erfahren, was das Licht ist. Jeder Mensch auf dieser Erde ist ein Erfahrungsaspekt der Quelle. In dir und deinem Leben will der Gott, die Göttin, die/der du in Wahrheit bist, genau deine Erfahrungen machen, um sich selbst zu erkennen. Dieser Teil von Gott oder Göttin bist DU!

Und Gott erschuf den Menschen nach seinem Ebenbild: Du hast die Schöpferkraft eines Gottes, einer Göttin in dir (das Thema hatten wir bereits). Du selbst hast die Kraft Gottes, der Göttin, und du hast das Licht einer Göttin, eines Gottes, und all das ist in dir verborgen.

Du hast jedoch auch deinen göttlichen freien Willen. Doch nahezu alle Menschen auf dieser Erde haben ihren freien Willen bisher meistens dazu genutzt, die Polarität auf ihrem Minuspol zu erforschen. In jeder Minute deines Lebens stehst du vor der Wahl, dich zwischen Dunkelheit und Licht zu entscheiden. Je nachdem, wie schwierig, angstvoll und sorgenvoll dein Leben ist, je weiter du also von Fülle und Liebe entfernt bist, desto weiter bist du von der wirklichen Quelle des Lichts in dir entfernt. Dein Leben, wie es jetzt ist, ist also der Gradmesser, dieses zu erkennen.

Da wir uns nun in der Epoche des so genannten Aufstiegs befinden, ist es leichter als jemals zuvor, Muster und Glaubenssätze zu erlösen. Wir bemühen uns, mit diesem Buch einen Beitrag zu deiner Weiterentwicklung zu leisten, oder, besser gesagt: Rückentwicklung zu dem, was du wirklich bist: Licht der Quelle und universelle Liebe, ein ganz individueller Aspekt des Göttlichen.

Niemals zuvor waren so viele geistige Helfer auf dieser Erde wie heute. Niemals zuvor waren so viele Engel, womit wir nicht die kitschigen Englein, die überall herumschwirren, meinen, sondern die großartigen, stattlichen, königlichen Wesen nahe der Quelle, in unserer Nähe, um dir zu helfen, Gott/Göttin in dir selbst und in deinem Nächsten zu finden, um dir ein Leben zu erschaffen, das deine innere Größe im Außen widerspiegelt.

Heute gibt es unzählige, ungeahnte Möglichkeiten, mit diesen geistigen Gefährten in Kontakt zu treten, um ihre Hilfe zu erbitten und diese dann auch anzunehmen. Doch kommt vielen Menschen leider immer wieder der Intellekt in die Quere, der sich bereits ein genaues Bild darüber macht, wie und auf welche Weise dies jetzt zu geschehen hat. Immer mehr Menschen klagen, dass sie sich nicht konzentrieren, nicht meditieren, nicht sehen, nicht wahrnehmen, nicht hören können.

Glaube einfach daran, dass deine Bitte um Führung und Hilfe gehört und ihr nachgekommen wird. Deine spirituellen Helfer sind immer bei dir. Sie warten sogar darauf, dass du sie um Hilfe bittest, damit sie dir helfen können. Erinnere dich daran, dass kein geistiges Wesen dir helfen darf, wenn du nicht darum bittest, denn das wäre ein Eingriff in deinen heiligen freien Willen. Du musst es selbst wollen und in die Energie der Universen tragen.

Erkenne: Göttlich sein heißt, echt und authentisch zu sein. Du bist nicht göttlich, nur weil du besonders lieb, besonders nett und im Außen gut zu anderen bist. Auch Jeshua war weder besonders lieb, nett oder gut, er war einfach er selbst und bat immer wieder um Führung und um Hilfe in der Geistigen Welt. Wenn du damit beginnst, den Kontakt zu deinem Schutzengel, zu deinen spirituellen Begleitern aufzunehmen, auch dann, wenn du ihn oder sie nicht wahrnehmen kannst, dann werden dir Hilfe und Führung zuteil. Wie Jeshua versprach: „Bitte, und es wird dir gegeben. Klopfe an, und es wird dir aufgetan."

Am besten beginne heute damit, den GOTT, die GÖTTIN in dir um Führung auf deinem Weg zu bitten. Bitte deine eigene Seele darum, dass sie dich finden mag, wenn du auf der Suche nach dir den Kontakt zu deinem Selbst nicht erlaubst.

Sei einfach immer und zu jeder Zeit du selbst. Spiele nicht einen Menschen, der du nicht wirklich bist. Nimm dir nicht selbst die Möglichkeit, dich zu erfahren, indem du für die Welt eine Rolle spielst, von der du glaubst, dass die Welt sie haben will. Frage dich immer: Ist es das, was ich wirklich bin?

Erkenne in allen Menschen und Dingen Göttin und Gott und ihre Vielfalt.

Sprich und handle immer nur so, wie du wünschst, dass mit dir gesprochen werden soll und wie du selbst behandelt werden möchtest.

☆☆☆☆☆

Wie Göttin, Gott in dir dich will

Mein liebes Kind, du geliebtes Sein, mein geliebtes Ich und vielerlei mehr Worte könnte ich dir jetzt geben, um dich zu begrüßen. Und doch weißt du, dass ich das Eine meine. Mein Licht trat aus meinem Herzen heraus und berührte deine Stirn, damit du sehend bist.

Es gibt Augenblicke, in denen du glaubst, insofern zu sehen, als dass du den Überblick, den Blick über etwas hast. Ja! In solchen Augenblicken denkst du doch, dass du selbst etwas dazu getan hast, um diesen Überblick zu bekommen, bekommen zu haben. Vielleicht, weil du dich bemüht hast, pflichttreu, tugendsam, duldsam, liebevoll oder besonders gut zu sein. Sei gewiss, dass dich solche Bemühungen nicht glücklicher und bewusster machen, wenn sie aus dem einen Motiv, aus der einen Absicht heraus kommen, nämlich mir hierdurch nahe zu sein.

Ich bin unerschütterlich in meinem Dasein für dich und in dir.

Immer dann, wenn du dich besonders anstrengst, dich besonders bemühst, mir gleich oder ähnlich zu sein, mir ganz nahe zu sein, kommt dein äußeres Wollen, auch niederes Ego genannt, in den Vordergrund, und dieses macht dich unsehend. Und niemals bist du mir ferner als in solchen Zeiten der Scheinheiligkeit. Niemals entfernst du dich mehr von mir als in diesen Augenblicken, wenn du mich so, wie ich gerade fühle, in dir verleugnest. Denn alles, was dich DU sein lässt, das bin ich in dir. Und da ich nicht dein niederes Ego bin, verwechselst du dich selbst und auch mich mit vermeintlichem Wachstum.

Dieses niedere Ego will dann gottgleich, göttlich sein und von mir und allen Menschen geliebt werden. Darum bist du so oft so viel „netter", als du es gerade in dir fühlst. Wenn du jedoch absichtslos bist, wie du im Augenblick wirklich bist, dann bist du mir ganz nahe. Dann bin ich wach und lebendig – IN DIR! Du weißt, dass dies so ist, und es überrascht dich immer wieder aufs Neue, dass die Wahrheit ganz einfach ist. Dass du dich nicht anstrengen musst, dich nicht verbiegen musst, kein anderer Mensch sein musst, um mir nahe zu sein. Du bist so, wie du bist, ein Ausdruck meiner Energie, die ich mir mit und in dir erwählt habe. Darum verbiege dich nicht, denn dann verbiegst du mich. Lass mich in dir leben, indem du deine individuellen Qualitäten erkennst.

Wenn du deinem Leben den Lauf zubilligen würdest, den es nimmt, wenn du mit dem Strom deiner Bestimmung fließt, kindlich und absichtslos, ohne dich anzustrengen, ohne dich zu BEMÜHEN, dann würdest du dich immer mit mir verbunden fühlen können. Du bist auf deinem Weg. Doch auf diesem deinem Weg bemühst du dich viel zu oft, selbst zu bestimmen oder gar zu bewerten. Du versuchst, selbst zu entscheiden. Und das ist gut so, weil du durch diese deine Taten deine Begrenzungen feststellst, deine

Grenzen erkennst, und auf diesem Weg deine Begrenzungen, dein begrenztes Ich, wahrnehmen kannst.

Ich habe dir den Namen des Lichts gegeben, damit du sehen kannst. Diesen kannst du jedoch nur dann nutzen und gebrauchen, wenn du absichtslos bist. Wenn du nicht gut, anders, besser als jetzt, besonders fromm oder besonders heilig sein willst. Wenn du schlicht und einfach so bist, wie du im Augenblick bist. Dies kann erregt oder auch wirr, trotzig, gekränkt, oder schlicht und einfach fröhlich und liebend sein. Das ist immer so, wie du dich im Augenblick fühlst. Und gerade in den authentischen, wahren und wirklichen Augenblicken deines Seins bist du mir so nahe, dass du doch den Überblick haben kannst, wie du diese von dir ungeliebten Dinge verändern und nach und nach ablegen kannst. Und genau in den so ungeliebten, vermeintlich negativen Gefühlen kannst du dich zu mir emporschwingen, indem du sie erkennst, überwindest und damit mit mir grenzenlos zum DU in mir und durch mich wirst.

Mein geliebtes Sein, deine Sehnsucht ist, mit mir eins, niemals von mir getrennt zu sein. Und deine einzige und wahre Möglichkeit, mit mir immer eins zu sein, ist die: authentisch und wahr in dem Augenblick zu sein, in dem du bist. Dann zu erkennen, was dich unglücklich macht und es zu erlösen. Dann fließt du mit dem Strom deiner Bestimmung. Dann bist du eins mit mir und Allem-was-ist.

Du wirst niemals ohne mich sein können, weil ich immer da und allgegenwärtig bin. Meine Hand hält dich, meine Liebe stützt dich. Du und ich – wir sind eins.

Achte auf die Augenblicke, die dich unglücklich machen.

Wie viele Vorhaben hattest du?
Was hast du alles gedacht?
Was hast du alles gewollt?

Was versuchtest du zu bestimmen, um dein Leben in deine Hand zu nehmen, weil du meintest, ich könnte es für dich im Augenblick nicht tun, hätte dich verlassen oder würde dich nicht lieben usw.?

Alle diese Punkte hindern dich an deinem wahren Glück und daran, mit dem Strom deiner Bestimmung zu fließen. Es ist so, als wären dies Hindernisse und du müsstest stehenbleiben. Dem Strom deiner Bestimmung einfach nur zu folgen, das ist der einzige Weg, mit mir Glück im Einssein in dir zu erfahren, und alles Sehnen, jegliche Angst und Sorge nehmen ein Ende.

Wenn du in deinem Leben oder in bestimmten Augenblicken stehenbleibst, so nutze die Gelegenheit, die Umgebung, dir die Pracht anzuschauen und lobe und preise mich und auch dich dann für dein Stehenbleiben. Denn auch das ist dann von dir so gewollt.

Du kannst dich und deine Begrenzung wahrnehmen und dich hierdurch in das Vertrauen zu mir hineinüben. Dein Vertrauen zu mir kann nur dann grenzenlos sein, wenn du bereit bist, mitzufließen, mitzuschwimmen in dem Strom deiner Bestimmung, im Strom deiner Wahl. Denn das ist es, was du gewählt hast, was du gewollt hast vom Anbeginn der Zeit. Das, was ich dir schenke, ist Frieden, Licht und Liebe. Doch über allem seien die Entspannung und die Freude in dir, meines ICH BIN.

Dein Vater – deine Mutter, die über allem steht.
Der Gott, die Göttin, der/die du selbst bist und tief in dir lebt.

☆☆☆☆☆

Das Wunder der inneren Neugeburt

Wenn das Jahr sich dem Ende zu neigt, dann dürfen und können wir die besinnliche Zeit des Weihnachtsfestes und des Übergangs in das neue Jahr nutzbringend für unsere eigene seelische und spirituelle Weiterentwicklung und für den Frieden in der Welt nutzen.

Das Fest der Liebe, wie Weihnachten auch genannt wird, hat viel von seiner ursprünglichen Absicht verloren. Doch die Energien der spirituellen Begleiter sind nach wie vor in dieser Zeit verstärkt vorhanden, weil die Menschen innerlich ruhig und feierlich werden. Es ist dies die Zeit, in denen die Tage wieder heller werden und das Licht zurückkehrt auf unsere Erde. Daher wurde diese Zeit auch ihrer Festtage beraubt, um einen Messias auf die Erde kommen zu lassen. Jeshua ist nicht das Christkind, wurde nicht an Weihnachten geboren. Es ist dies die Metapher der Kirchen und auch anderer religiöser Kulte, die sich oft bis aufs Haar gleichen. Jeshua wurde im Frühjahr geboren, doch die Weihnachtszeit sind uralte, heidnisch genannte Festtage, die uns allen von den Kirchen gestohlen wurden. Es ist dies die Zeit, in der du eine ganz tiefe Rückbindung an deine Seele erfahren kannst, wenn du leise in dich hineintauchst und die langen Abende, die den kurzen Tagen folgen, für deinen inneren Frieden nutzt.

Wenn du mithelfen willst, unsere Erde zu heilen und dich selbst von karmischen Verstrickungen wie alten Ängsten, Zweifeln, Schuldgefühlen, Ohnmacht usw. zu befreien, dann empfehlen wir dir, die Meditationen in diesem Buch zu nutzen.

Frieden, was ist das? Beinahe täglich erreichen uns Hilferufe von Menschen, die innerlich zerrissen sind, die von Ängsten gequält werden, sich verfolgt fühlen, an ihrer eigenen Macht und Kraft zweifeln und sich selbst infrage stellen. Ihr alle habt unser tiefes Mitgefühl. Gerade DU, wenn du diese Dinge in dein Leben gerufen hast, hast die Möglichkeit, mit den Meditationen dein Herz und deine Seele zu befreien. Denn wisse, so lange du nicht Frieden in dir selbst findest, wird Frieden auf der Erde ein frommer Wunsch bleiben. Schließe Frieden mit dir, deinem Nächsten und dann mit der Erde. Je mehr Menschen diesem Weg folgen, desto eher wird Frieden zur Wirklichkeit werden.

Es gibt einen Mittler, dessen Geburt ihr in jedem Jahr zu Weihnachten feiert. Viele in Saus und Braus, im Kaufrausch des Konsumdenkens, andere still und besinnlich, wieder andere einsam, verlassen, sich fragend nach dem Warum, und wieder andere in Frieden mit sich und der Welt. Wisse, dass du nur dann den Frieden in dir finden kannst, wenn du Göttin und Gott in dir findest.

Jeshua wurde geboren, um als Mittler zwischen dir und dem Licht zu wirken. Jeshua als dein Bruder, der Menschensohn, der das Licht in diese Welt brachte, um euch allen die Wahl erst möglich zu machen. Die Wahl zwischen Licht und Dunkelheit.

Möglicherweise verdrehen jetzt einige unter euch die Augen, wenn wir von Jesus, dem Christus sprechen. Doch stelle dir vor, welches Bild du von deinem Bruder hast, der voller Liebe in die Dunkelheit hinabstieg, um auch dir den Weg zu ebnen, dich selbst zu erlösen? Diese hohe Seele wurde aus dem Licht erschaffen, um der Welt ein Licht in der Dunkelheit zu entzünden. Er musste Spott und Hohn, Qual und Kreuzigung ertragen und überwand all dies, damit das Licht der Erkenntnis und der Liebe in diese Welt, die dem Untergang geweiht war, zurückgetragen werden konnte. Schau dich um in der Welt, heute, 2000 Jahre später. Welche Früchte hat all das getragen?

Darum fordern wir dich auf: Vergiss alles, was du über Jesus von Nazareth gehört hast und nicht in deiner Seele Widerhall findet. Er brachte eine Botschaft, die von den Menschen missverstanden wurde, weil der Geist der Zeit vieles nicht verstehen konnte. Seine Botschaften wurden mündlich wiedergegeben, viele Jahre nach seinem Aufstieg aufgeschrieben, umgeschrieben, verändert nach Gutdünken und der Sichtweise des jeweiligen Schreibers.

Wenn du das Spiel „Stille Post“ betrachtest, das ihr aus eurer Kindheit kennt, und bedenkst, was nach zehn Weiter- und Wiedergaben am Ende herauskommen kann, kannst du dir vielleicht ein Bild machen, was aus den Botschaften des Menschensohns, eures großen Bruders, gemacht wurde.

In einer Zeit wie dieser, in der die Erde kurz vor dem Kollaps steht, die Bodenschätze geplündert, die Ozeane verschmutzt und erhitzt sind, die Pole schmelzen, ein Teil der Menschen in dieser Welt vom Aufstieg, der andere vom Untergang spricht, ist die Lehre Jeshuas wegweisend für alle, die sowohl den Frieden als auch das Licht suchen, um Mutter Erde und sich selbst von Schmerz zu befreien. Frieden geht uns alle an. Frieden ist die Zukunft der Erde und des Lebens. Denn nur ein Leben in Frieden ist ein Leben, das ihr letztlich alle erstrebt und nur allein in euch selbst erschaffen könnt. Darum: Finde Frieden in dir, halte den Frieden in deinem Umfeld, und du trägst bei zum Frieden in der Welt.

Du bist ein Suchender. In den Worten, den Lehren und dem Leben deines kosmischen Bruders ist alles vorgezeichnet, was du wissen musst, um deinen Weg in Frieden und Liebe zu gehen. Denn Jeshua sprach:

„Wer aus meinem Munde trinkt, wird werden wie ich. Ich selbst werde er, und das Verborgene wird ihm enthüllt werden. Der Himmel und die Erde werden sich vor euch aufrollen. Und der Lebendige, der aus dem Lebendigen hervorgegangen ist, wird weder Tod noch Angst sehen. Denn: Wer sich selbst findet, steht über der Welt." (Thomas-Evangelium)

Möge sich dein ungläubiges Herz daran erinnern, dass die Quelle selbst Schöpferin allen Lebens, dein Vater, deine Mutter IST. Die Quelle ist unser aller Ursprung und unser aller Heimkehr. Wenn du dieses leugnest, dann verleugnest du dich selbst. Du hast deinen freien Willen, zu entscheiden, wer du wirklich bist. Entscheide dich für oder gegen deinen wahren Ursprung. Die Quelle und Göttin/Gott in dir erlaubt jeder Seele, sich der freien Wahl zu bedienen und deine Wahl zu treffen, ob du den Himmel oder die Hölle auf Erden erleben möchtest. Der Himmel ist kein Ort fern von hier. Himmel und Hölle sind immer in dir, und damit natürlich auch in deinem Umfeld. Sie sind die Matrix, die du selbst erschaffen hast, und DU allein entscheidest, wo DU bist. Dein freier Wille lässt dir die Wahl zwischen beidem. Du entscheidest zwischen Liebe und Abwesenheit von Liebe in deinem Leben, zwischen Licht und Dunkelheit. Wir wünschen dir, dass du klug wählen wirst, denn dein Wunsch ist deiner Seele allezeit der höchste Befehl.

Darum sagen wir dir zum wiederholten Mal: Tritt heraus aus jeder Art von Opferhaltung. Niemand tut dir irgendetwas an, was du nicht willst. Es gibt nichts im Außen, das nicht von dir selbst ins Leben gerufen wurde. Gott ist es niemals, der dich straft. Du erlebst immer nur die Wirkung der von dir selbst gesetzten Ursache. Keine Seele, kein Mensch, kein geistiges Wesen entgeht der Wirkung seiner Gedanken, Gefühle und Taten. Das ist universelles Gesetz.

Mit dem Erscheinen von Jeshua wurden alle Wirkungen aufgehoben. Die Dunkelheit hatte ein Ende. Er zeigte euch, was ihr wirklich seid und woher ihr kommt. Er zeigte euch, was einem Menschen möglich ist, als er dem physischen Tod trotzte, in seinem Lichtkörper aufstieg und als Mensch in das irdische Sein zurückkehrte. Denn er sagte: „Alles, was ich bin und tue, werdet auch ihr tun und sein, und noch vieles mehr."

Du bist die lebende Göttin, der lebendige Gott, die/der in allem wohnt, was ist. Darum erwache und erkenne, dass du berechtigt bist, dass du in der Gnade bist, dass du unendlich geliebt bist von Göttin und Gott, deiner wahren Mutter, deinem wahren Vater, die/der dich niemals verlassen hat. Du selbst hast Göttin und Gott und damit dich selbst verlassen. Du hast dich völlig freiwillig voller Wissensdrang und Neugier auf ein Leben auf einem herrlichen blauen Planeten und in anderen Dimensionen in diese Welt begeben.

Und du lebst im Zweifel an deiner Wertigkeit? Der Zweifel in dir ist der größte Gegenspieler deiner Lebendigkeit. Was glaubst du, warum diese Welt oft so dunkel scheint? Weil alle Welt zweifelt. So bleibt es nicht aus, dass der Mensch in ihr **ver**zweifelt. Zweifel und die damit verbundene Angst trennen jeden Menschen von seiner Seele. Zweifel und Angst sind ein Produkt der Dualität. Dein Geist, deine Seele, dein wahres ICH ist grenzenlos, lichtvoll und in Einheit mit der Quelle allen Seins.

Wenn du daran zweifelst, kommt die Angst. So verhinderst du den Ausdruck deines Lichts. Du erschaffst damit deine eigene Welt der Dunkelheit. Zweifel lässt keinen Raum für die Hoffnung auf ein besseres, ein schöneres Leben. Erkenne: Zweifel ist dein größter Widersacher. Und es ist nicht irgendein Gott außerhalb von dir, der dir diese Zweifel beschert. Es ist dein Verstand, der nur anerkennen will, was sichtbar ist und sich somit vor unsichtbaren Dingen und Energien fürchtet. Mit dieser Furcht ziehst du jedoch genau diesen Zweifel in dein Leben.

Wenn du erkennst, dass du unsterblich bist, dass die Jahre hier auf der Erde dazu dienen, damit du deine Wahl zum Licht hin triffst, dass dir absolut nichts geschehen kann, weil du unsterblich bist, dann hat dein Zweifeln ein Ende. Du bist hier, weil du Gott und/oder Göttin in dir selbst auf diese Erde bringen und damit der Seele der Erde zum Aufstieg verhelfen willst.

Ihr lebt in einer Zeit, in der die Spreu sich vom Weizen trennt. Viele Propheten und Seher haben das Wassermannzeitalter als das Zeitalter des 1000jährigen Friedens verkündigt. Du bist eine suchende Seele, und du wirst diese Zeit erleben, wenn du dich dafür entscheidest. Eine Zeit, frei von Angst und jeglichem Zweifel. Eine Zeit, in der du dein Licht in dir findest.

Die Zeitenwende ist erreicht. Entscheide du dich für deinen Weg. Bekunde deine wahre Absicht. Denn alle

Seelen, die sich für die Wahrheit entscheiden, werden der Erde und sich selbst den Weg in eine neue Dimension des Lebens ebnen, und deine Bitte um Unterstützung wird nicht ungehört bleiben. Niemand wird sich verlieren, der wirklich und wahrhaftig erwachen will.

Öffne dein Herz und nutze vor allem die Zeiten der Muße für das Erkennen und Anerkennen deines wahren Selbst. Die Energie der Liebe ist in solchen Momenten ganz nah. Helft alle gemeinsam, um Frieden zu bitten, selbst im Frieden zu sein, und die höheren Ebenen werden euch unterstützen.

Nutze den Satz: Versuch macht klug.

Bisher war das Leben nicht so toll für die meisten von euch. Darum gehe/probiere jetzt einen neuen Weg. Es gibt viel zu gewinnen und nichts zu verlieren. Sei spirituell, nicht religiös. Rufe die Liebe der Quelle an, rufe die Aufgestiegenen Meisterinnen und Meister, die, die ihr Engel nennt, an, damit sie dir und der Erde mit ihrer Kraft und Energie zur Seite stehen. Dein Ruf wird nicht ungehört verklingen. Sie alle sind Meister der Dritten Dimension. Sie alle haben die Schwere dieser Dimension hinter sich gelassen und lieben dich und alle auf dem Weg urteilsfrei und bedingungslos. Lass sie dich lehren, was Meisterschaft wirklich ist. Beende dein Zweifeln und erkenne: Du bist Teil der Quelle. In deiner Individualität hast du dich aus der Quelle gesungen, dich in das Erfahrungsdasein begeben, um das Licht auf diese Erde und in dein Sein zurückzutragen, es zu entfachen und zu hüten, damit es in diese Welt strahlen kann.

Feiere deine Feste und den Übergang in jedes neue Jahr in Frieden, denn wie etwas anfängt, so wird es. Dies gilt gleicherweise für deinen Geburtstag. Lege deinen Grundstein für ein gutes drittes Jahrtausend, indem ihr Lichtarbeiter gemeinsam für die Befreiung von Zweifel, Angst und für den Frieden meditiert, den Frieden in eurem eigenen Umfeld aufrechterhaltet und lebt und in einer friedlichen Meditation euch selbst im Gegenüber erkennt und eure wahre Größe wiederfindet.

Lass das Licht der Quelle an jedem Tag in dir neu geboren werden.

ICH BIN Teil der Quelle, die alles ist.
ICH trete mein Erbe der Vollkommenheit jetzt an.

☆☆☆☆☆

Minderwertigkeitsgefühle, Ängste, Ego

Es ist gerade unter Lichtarbeitern ein weit verbreitetes Thema, sich minderwertig zu fühlen, und voller Angst, nicht gut genug zu sein, ES nicht wert zu sein, nicht würdig genug zu sein. Nicht gut genug zu sein, dich unwürdig zu fühlen, dem Plan nicht in richtiger Art und Weise zu dienen, nicht nach Außen gehen zu wollen mit deinem Wissen usw., das alles sind selbst gesetzte Fallen, die dich vielleicht schon manches Mal daran gehindert haben, das Rad der Inkarnationen und des Karmas zu verlassen, obwohl du schon ganz kurz davor gestanden hast.

In einer Zeit wie dieser ist es notwendig, alle diese alten Glaubenssätze zu überprüfen und zu erkennen, dass du alle Werkzeuge besitzt, die dich zu dir selbst, und damit auf deinen Weg zurück nach Hause bringen können. Hinzu kommt die veränderte Energie, die euch befähigt, Entwicklungssprünge zu schaffen, die bisher nur in vielen Inkarnationen möglich waren. Du hast tatsächlich die Kraft und die Hilfe, dass dieses Leben dein letztes in der bisher bekannten Form der Begrenzung und Dunkelheit sein kann.

Sehr viele Lichtarbeiter haben die unsinnige Idee, dass sie hierher strafversetzt wurden, weil sie gegen Gott gefehlt hätten und nun zur Wiedergutmachung angetreten seien. Oder aber sie schleppen uralte Entscheidungen aus vergangenen Inkarnationen mit sich herum. Viele erkennen sie nicht, weil diese tief im Unterbewusstsein vergraben liegen. Wieder andere fühlen sich unwürdig, mit ihrem Wissen nach außen zu gehen, weil alte Ängste sie blockieren.

Was immer auch deine Ängste sein mögen, es ist wichtig, dass du deine eigenen Mechanismen erkennst und deren Ursachen beseitigst. Nur dann wird dir ein Weitergehen möglich sein. Viele Menschen leiden unter Ängsten, ohne sich dessen bewusst zu sein. Diese Ängste äußern sich oft in Unkonzentriertheit, Schlafstörungen, Aggressivität, erhöhter Aufmerksamkeitsbereitschaft in Bezug auf andere, Sich-angegriffen-Fühlen usw.

Wenn du dich erinnerst, gibt es nur zwei Aspekte: Liebe und Angst. Licht und Schatten. Nicht in der Liebe zu leben bedeutet, in der Angst zu leben, auch wenn dir diese Angst nicht bewusst sein sollte.

Nun ist Angst nicht unbedingt ein Gefühl, das deinem Emotionalkörper entspringt, sondern sie hat oft ihre Ursache im niederen, manipulierten Mentalkörper, im unbewussten Denken, in Bewertung und im Glauben an Rache, Schuld und Sühne. Und zwar in

- alten Glaubenssätzen,
- Überzeugungen,
- verdrängten Verletzungen,
- Übertragungen,

- blinden Flecken,
- Blockierung von Gefühlen aufgrund erfahrener Verletzungen usw.

Da ich sehr oft hören musste, dass Affirmationen, wie angeboten durchgeführt, nichts nutzen, weil der Glaube fehlt, hilft dir dieses Verständnis vielleicht, den Mechanismus zu erkennen, warum richtig angewandte Affirmationen eben doch funktionieren.

Der Mentalkörper, der sich in der Dritten und Vierten Dimension zumeist als bewertender Intellekt präsentiert, setzt immer wieder alles daran, die Führung über dein Leben zu übernehmen. Selbst wenn das Verständnis vorhanden ist, dass ein spiritueller Weg wichtig ist, versucht der negative Intellekt, dieses Wissen über das Lernen von theoretischem Stoff zu integrieren und den „Aufstieg“ zu managen. Somit lenken sich viele unter euch von sich selbst ab, indem sie immer mehr das geschriebene Wort konsumieren und dabei vergessen, dieses Wissen auch anzuwenden. Das funktioniert natürlich bis zu einem gewissen Grad, doch eben nur im Kopf. Darum wende weiterhin deine Affirmationen an, wenn es dir Freude bereitet, und du wirst erfahren, dass es funktioniert und dein spirituelles Selbst, dein ICH BIN, stärker und kraftvoller in dir wird.

Die alleinige Konzentration auf den hier so gut greifbaren Teil des Mentalkörpers, Intellekt oder bewertender

Verstand genannt, führt unweigerlich zu einem Leben, das von Krankheiten, physischen, psychischen Symptomen begleitet ist und in dem die Freude am Leben abhanden gekommen zu sein scheint. Die alleinige mentale Konzentration auf die Entwicklung des Lichtkörpers und das mentale Streben nach Erleuchtung führen am wirklichen Leben, und vor allem auch an der Erleuchtung vorbei, denn ohne wahre Herzensenergie kann die Liebesenergie dein Leben nicht bereichern. Ohne Liebe ist alles nur Schall und Rauch.

Könnte ich aus göttlicher Eingebung reden, wüsste alle Geheimnisse Gottes, könnte seine Gedanken erkennen und hätte einen Glauben, der Berge versetzt, aber mir würde die Liebe fehlen, so wäre das alles nichts.
(1. Korintherbrief, Kapitel 13)

Es ist für deinen Intellekt wichtig, den Wunsch fallen zu lassen, alles ausschließlich auf mentaler Ebene verstehen zu wollen und in Angst zu verharren, niemals gut genug zu sein. Da dieser Teil in dir bewertet und immer jemand anderer besser, klüger, schöner, weiter sein wird, nach seinem Dafürhalten, als du, wird dich die Angst auch weiterhin begleiten, wenn du diesen Aspekt in dir nicht umerziehst.

Du bist hier, weil du hier sein willst. Du bist hier, um dich selbst als göttliche Vollkommenheit in Allem-was-ist, in all deinen Möglichkeiten zu erkennen und das Spiel des

Lebens zu erfahren. Du bist hier, weil du dich voller Liebe und Neugier auf die Möglichkeiten auf dieser Erde dafür entschieden hast, HIER zu sein.

Es gibt keine Passagiere oder Ausgesetzte auf dem Raumschiff Erde. Jeder gehört zur Besatzung.
(Marshall McLuhan)

Der einzige Weg zu deinem Lichtkörper und zu deiner Seele führt über die Integration deines vollkommenen Emotionalkörpers und die Aktivierung deines Herzchakras (siehe die Meditation der dreifaltigen Flamme, die Sananda dir schenkte), über das Fühlen der bedingungslosen Annahme, Liebe und Selbstliebe. So lange der niedere Mentalkörper dich von deinen Gefühlen abschneidet, wird Angst dein Leben beherrschen. Die Motivation ist sicherlich positiv, denn der Intellekt versucht letztlich nur, dich vor Enttäuschungen zu bewahren, die er als Erfahrung integriert hat. Erkläre diesem besserwisserischen Teil von dir, dass du als das spirituelle Selbst, das du in Wahrheit bist, entscheiden wirst, und lass dich nicht beherrschen von einem Teil in dir, der dir nur Furcht statt Lachen und Liebe beschert. Nur die vollständige Integration von Emotionalkörper, Mentalkörper, spirituellem Selbst – Seele – und physischem Körper macht dich bereit, dieses Leben durch den Ausdruck zu bereichern, den nur du allein der Erde und dieser Welt geben kannst. Doch so viele bleiben stecken im Bewerten, Intellektualisieren, und damit in der Angst.

Angst ist ein Zauberwort, das im Moment in der Welt eine vorherrschende Emotion zu sein scheint. Angst vor Arbeitslosigkeit, Angst vor Vereinsamung, Angst vor Kriegen, Angst vor Regierungen, Angst vor Terror, Angst vor der Dunkelheit, Angst vor Gott, Angst vor dem Leben, Angst, dem Universum nicht in gerechter Weise zu dienen, Angst, den Kontakt zum Schutzengel nicht zu erhalten. Diese Beispiele sollten genügen, denn kurz gesagt: Angst wird sehr viel öfter ausgedrückt als Liebe.

Tägliches Fernsehen, vor allem Nachrichten und Schreckensmeldungen, kann diese Ängste um ein Vielfaches schüren. Hast du dir schon einmal überlegt, dass viele Ängste vielleicht künstlich durch eure Medien erzeugt werden, um dich in Abhängigkeit zu bringen und an ein System zu fesseln, dem du als liebevoller Lichtbringer längst entflohen wärst?

Angst kann lähmend und tödlich sein, und sie kann dich schützen. Darum ist es wichtig, sie als Erstes einfach nur zu betrachten und anzunehmen. Denn: Je fester du eine Brennnessel anfasst, desto weniger brennt sie. Jedes Mal, wenn du Angst verspürst, nimm sie einfach an. Denke nicht über sie nach, du würdest dich nur im Kreise deiner Angst drehen. Diese Angst in dir bringt dich dazu, fühlen zu lernen. Sprich mit deiner Angst und frage sie, was sie dir zeigen und dich lehren will. Dann folge ihr bis an die Wurzel. Verzeihe ihr und dir alles. Gewöhne dir an, die Angst als deinen Freund anzuerkennen und mit deiner

Angst zu arbeiten, ohne dich von ihr auffressen und lähmen zu lassen.

In dem Augenblick, in dem du mit deinen Ängsten in Kontakt trittst, dich bis an den Grund ihrer Aussage für dich begibst, hast du die Angst erlöst und wieder Raum für mehr Liebe in deinem Leben geschaffen. Wenn du erkennst, dass deine tiefen Ängste und Minderwertigkeitsgefühle kaum einen Bezug zu deiner jetzigen Realität haben, dann kannst du angstfrei deinen Weg gehen und alte Glaubenssätze erlösen.

Diese Glaubenssätze existieren im Grunde nur in deiner Vorstellung, in deinen Erinnerungen an eine Vergangenheit, die längst vorbei ist. Du besitzt jedoch auch positive Glaubenssätze. Wenn du lernst, dich auf diese zu polen, dann löst du mit jeder erfolgreichen Manifestation des Schönen und Lebenswerten in deinem Leben einen negativen Glaubenssatz auf. Das Festhalten an der Angst, indem du sie verdrängst oder immer wieder darüber redest, diskutierst, dir Ratschläge holst, sie wie einen Kaugummi durch dein Leben ziehst usw., all das entzieht dir nur Energie und hält dich kraftlos in Opferhaltung gefangen. Stell dich deiner Angst, und dann geh hindurch. Das ist der wahre Weg in die Freiheit auf allen Ebenen deines Seins.

Schaue dir an, was sie wirklich ist, und dann tue genau das, wovon deine Angst dich abhalten will, denn so erschaffst du dir einen neutralisierenden Punkt, und sie wird sich in Liebe und Staunen verwandeln. Wo die Angst lähmt, da stehst du bereits auf dem Weg in die Freiheit. Beschreite ihn.

Hast du zum Beispiel Angst, anderen Menschen die Wahrheit zu sagen, weil du glaubst, dann nicht mehr akzeptiert zu werden, wirst du mit der Zeit dir selbst immer fremder und dich unwohler fühlen, weil du aus dir eine Frau, einen Mann machst, die oder der du nicht bist. Somit ist verständlich, dass deine Welt voller Angst ist, letztlich durchschaut zu werden. Durchschreite diese Angst und sage deine Wahrheit. Du wirst erkennen, dass es Menschen gibt, die dich genau deswegen mögen, weil du wahrhaftig bist, und alle anderen bringen dir sowieso nichts. Denn nur wer zu einem klaren NEIN fähig ist, dem wird auch ein JA geglaubt. Nur Menschen in deinem Leben, die dich mit jedem Ausdruck deines Selbst annehmen und gerne mit dir zusammen sind, weil du die Wahrheit sprichst, sind es wirklich wert, deine Freunde zu sein. Weil sie wirklich dich in deinem Ausdruck meinen. Daher: Werde authentisch, wahrhaftig und echt. Dann existiert keine Angst mehr.

Wenn du das Gefühl hast, du hast eine Aufgabe auf dieser Erde, dann bremse dich nicht länger durch dubiose Ängste, die in dir aufsteigen. Rede mit dieser Angst, bedanke dich bei ihr, löse sie auf, und dann gehe deinen Weg. Schreibe dein Buch. Rede mit anderen Menschen. Male dein Bild. Singe dein Lied. Eröffne deinen Laden, oder was auch immer du möchtest. Sage, was du glaubst.

Trage dein Licht in die Welt und tue, was dir immer schon vorschwebte.

Nichts tun heißt, in der Angst verharren. In die Welt gehen und dich entfalten ist das, was dir Kraft, Lebensmut und Frohsinn gibt. Die Alchemie des Bewusstseins liegt im TUN.

Erinnere dich: Dein Potenzial liegt im Kraftpunkt HIER und JETZT. Lerne, im Jetzt zu sein, denn im JETZT ist meistens keine Angst, kein Nichtwertsein, kein Minderwertigkeitsgefühl vorhanden. Du brauchst im Jetzt nur eins: Sorge immer dafür, dass es dir JETZT gut geht, dass du JETZT wahrhaftig bist, dass du JETZT etwas tust, und das jeden Augenblick aufs Neue. Dann wird dein Leben voller Wunder, Lachen, Licht und Liebe sein. Und vergiss gleich die Fragen, die auftauchen: „JA, aber was ist, wenn ich wirklich in einer Katastrophe stecke?“ Du steckst jetzt gerade nicht drin, denn du liest dieses Buch. Bleibe einfach im JETZT!

Ein wichtiger Schritt dazu ist, dass du dich hier auf der Erde endlich als in deinem Zuhause einrichtest. Wenn du dich unwohl fühlst, dann suche dir einen anderen Wohnort. Manche Gegenden sind für deine Energie nicht geeignet. Suche deinen Kraftort auf der Erde so lange, bis du ihn gefunden hast. Dann bist du ganz und heil in dir. Dein Heil liegt nicht auf irgendeinem Planeten da draußen, sondern hier auf Mutter Erde, die du dir als höchstes Entwicklungspotenzial für diese deine Inkarnation erwählt hast. Und auch Mutter Erde braucht DICH! Du brauchst die Erde für deine Entwicklung, und die Erde braucht dich für die ihre.

Darum erwache zu dem, was du bist. Sei ein Sendbote des Lichts, das die Welt erhellt. Stelle dich deiner Aufgabe, überwinde deine Ängste. Du hast das Potenzial in dir, als zukünftiger Aufgestiegener Meister, zukünftige Aufgestiegene Meisterin, mit der Wesenheit Erde das Licht in dir und im Universum zum Strahlen zu bringen. Erhebe dich. Erkenne deine Flügel, breite sie aus und erhebe dich über die Zwänge deines kleinen Denkens hinauf in dein multidimensionales Sein.

Die Wahrheit, die irgendwo da draußen liegt, kannst du nur hier auf der Erde in dein Zellsystem integrieren. Wenn du dich mit der Erde in Freundschaft und Achtung verbindest, werden deine Ängste sich in Luft auflösen. Du wirst zu einem wahrhaft kraftvollen, gesunden und lebensfrohen Menschen werden. Je mehr Menschen dazu erwachen, desto schneller können die Erde, und mit ihr alle Menschen, die hier leben, gesund und heil werden.

Aus diesem Grund werde ich eine weitere Meditation einfügen und wünsche dir, dass sie dich ebenso kraftvoll berührt wie viele andere, die diese Meditation bereits erfahren haben.

Ich wünsche dir eine wundervolle Zeit und eine kraftvolle Seelenentfaltung auf deinem Weg zu dir.

Sanat Kumara

Ankommen und zu Hause sein

Liebe Freundin, lieber Freund!

Wir erfreuen uns immer und zu jeder Zeit deiner Gegenwart und grüßen dich aus und mit dem Licht des Universums.

Wir sehen mit Freude die Entwicklung deines Lichtfelds, doch auch mit Trauer im Herzen den Schmerz so vieler unter euch, die sich vermeintlich am falschen Ort fühlen.

Du suchst dein Zuhause im Universum und vergisst dabei, vor deiner eigenen Haustür nachzuschauen und zu erkennen, dass du längst zu Hause bist.

Wisse, geliebte Seele, du bist zu Hause dort, wo du bist. Deine Sehnsucht nach deinem wahren Zuhause kannst du nur auf der Erde stillen, denn du bist immer an dem Ort, an dem deine Liebe zu Hause ist.

Öffne dich deiner Liebe in dir und beginne, mit der Erde in innigen Kontakt zu treten. Wenn du erkennst, dass alle deine Sehnsüchte und Schmerzen verschwinden, wenn du Mutter Erde die Hand zum Bund reichst, dann wirst du in dir heil sein. Dann kann Gott oder Göttin in dir zu dir hinabsteigen und in dir erwachen.

So lange du dich jedoch weigerst und weiterhin dein Heil in den Sternen suchst, von der Erde fliehst, wird dein Körper mit der Energie, die zur Zeit auf diesem Planeten herrscht, nicht fertig werden können. Die Erde unterliegt einer großen Umwandlung, viele von euch spüren das, und innerhalb dieser Umwandlung ist es für dich wichtig, mit der Erdfrequenz zu schwingen, dich wie von einer Mutter wiegen zu lassen, und du wirst in Freude und Gesundheit durch dein Leben wandeln.

Für jeden von euch gibt es einen Ort auf dieser Erde, an dem er oder sie zu Hause ist, an dem du heil und ganz bist.

Wenn du diesen Ort noch nicht gefunden hast, dann, geliebtes Sein, mache dich auf, suche diesen Ort, lass dich von diesem Ort finden, der mit dir in einer Harmonie schwingt, die du in dir selbst so sehr vermisst. Und diese Harmonie wird dich auf allen Ebenen heilen.

Ihr seid in einer Zeit zu Hause, die vieles verändert, die vieles bewirkt, die vieles auf den Kopf stellt. Du bist hier, weil du dir eine Aufgabe erwählt hast, hier und jetzt. Erkenne, meine Freundin, mein Freund, wenn du haderst mit deinem Hiersein, dann lege die Furcht ab, auch dieses Mal zu versagen. Diese Angst ist ohne Begründung, denn du hast den Aufstieg und das Ankommen gewählt.

Wenn du deinen Heimatort auf der Erde findest, dann wirst du gemeinsam mit Gaia den großen Aufstieg hin zu dir selbst mit Leichtigkeit und Freude bewältigen. Wenn du diesen Ort gefunden hast, dann werden Lachen und Freude dein Leben begleiten, und deine Transformation wird wie von selbst geschehen.

Heimkehren, Geliebte, bedeutet in dieser Dimension deiner WAHL: deinen Körper zu erden und ihn ganz und gar in Besitz zu nehmen. So erschaffst und integrierst du deinen Lichtkörper auf Erden.

Denn in jeder Zelle deines Körpers ist das gesamte Universum vorhanden. Du hast, was du benötigst, in und bei dir. Suche den Ort auf dieser Erde, an dem deine Liebe ist. Du wirst ihn spüren, weil er deine Energie um alles, was dir heute vermeintlich fehlt, ergänzt. Denn in deinem Zellbewusstsein ist die Energie der Erde gespeichert, das Einzige, was dir fehlt, um weiterzugehen. Diese Energie zu integrieren, bist du hier.

Weil du dich weigerst, fühlst du dich fremd. Und du wirst immer und immer wieder inkarnieren, bis du bereit bist, dich auf diese deine Erfahrung wahrhaftig einzulassen, denn das ist der Wunsch deiner Seele, den du einfach nur wieder vergessen hast.

☆☆☆

Meditation – Ankommen auf Mutter Erde

Ich, Sanat Kumara, begrüße dich in Liebe und bitte dich, deine Augen zu schließen. Lass dich liebevoll und sanft von mir begleiten in die Energie, die deine ureigene ist, im Verbund mit der Seele des Planeten Erde – Gaia - und ihrem Zwillingsstern. Beide werden sich in der kommenden lichtvollen Zeit im Aufstieg wieder vereinen, so, wie du die Dualität in dir vereinen wirst.

Erlaube dir, die Informationen deines Körpers wahrzunehmen, wenn du dich den Energien Gaias öffnest. Erlaube dir, dass Gaia sanft deine Füße berührt, dein Verankerungschakra nahe unter deinen Füßen in der Erde und deine Fußchakren aktiviert. Fühle die Energie von Gaia, die dich liebevoll über deine Füße erreicht, und öffne dich den Bildern, den Erinnerungen deines wahren, universellen Seins. Lass dich berühren vom Klang und Gesang der Galaxien, die in dir vereinigt sind..., und dann öffne dich für die einzige wahre Aufgabe, die du zu übernehmen dich scheust. Erkenne, wo du zu Hause bist. Erkenne, dass du selbst dir Gaia erwählt hast, dass Gaia deine heutige Heimat ist. Komm nach Hause in dir, und aller Schmerz deines Lebens wird weichen.

Verbinde dich mit deiner wahren Familie an dem Ort im Universum, der dich ruft. Der Ort im Universum, der sich nach deiner Präsenz sehnt, so, wie du dich nach diesem Ort sehnst. Erkenne den Ort deiner spirituellen Heimat, schwebe ihm entgegen. Komme an. Jetzt! Und nun tanze mit uns den Tanz der universellen Vereinigung in all deinen Zellen, in all deinem Denken, Fühlen und deinem dich Sorgen. Lege ein Lächeln auf deine Lippen und verbinde dich von dir aus, während du weiterhin den Tanz der Freude am Leben mit uns tanzt, über dein Wurzelchakra mit der Energie von Mutter Erde. Und während dieses geschieht, lass dich von uns zu einem Ort tief in dir selbst, zur Heimat deiner Seele in deinem jetzigen Sein, begleiten. Dies ist der Ort in dir, an dem Himmel und Erde sich begegnen.

Nimm sie in Liebe wahr, die höchste Vision deiner selbst, und sei frei von jeglichem Zweifel. Erkenne zum Wohl deines multidimensionalen Seins:

Friede auf der Erden, Friede im Universum, beginnt in, mit und bei dir!

Verbinde dich jetzt für fünf intensive Minuten in meditativem Gewahrsein mit deinen Engeln, den Aufgestiegenen Meisterinnen und Meistern und/oder deinen spirituellen Begleitern, wer immer aus den lichtvollen Reichen dich jetzt begleiten mag. Lass dich von deiner eigenen Seele führen. Wenn du glaubst, du kannst sie nicht sehen, dann lass deinen Verstand in die Ruhe treten, indem du dich auf deinen Atem konzentrierst. Lass alle Gedanken mit deinem Atem freudig in das Universum der Liebe aufsteigen. Konzentriere dich auf: „Ich fühle oder sehe meinen Schutzengel“ oder „Ich fühle oder sehe, wen immer du auch sehen und fühlen magst, und lass die Bilder in dir aufsteigen. Nimm das allererste Bild, den allerersten Gedanken, das allererste Gefühl, das sich dir zeigt, und es wird die Wahrheit sein. Und dann lass dich begleiten, zurück zu jener Zeit, als du dich für dein Dasein auf Gaia entschieden hast.

Hier in deiner spirituellen Heimat tanze weiter mit uns den Tanz des Lebens. Lass die Energie von Gaia dich sanft erfüllen und erinnere dich. Warum hast du dir deine Leben auf Gaia erwählt? Erinnere dich. JETZT!

Pause

So erkenne, Geliebte, Geliebter, es ist alles unmittelbar direkt vor dir, denn alles, was du suchst, alles, wonach du dich sehnst, alles, was dein Herz begehrt, ist in dir verankert. Erkenne und nimm an, dass du dir dein Sein auf der Erde selbst erwählt hast. Beginne damit, zu lieben, dass Gaia dich trägt. Beginne damit, zu bestätigen.

„Ich liebe mein Leben auf dieser Erde. Gaia ist in mir, und ich bin in ihr. Ich gehe jetzt voller Freude in meine selbstgewählte Bestimmung."

Erde dich, nimm die Energie der Erde jeden Tag in dich auf, denn du brauchst die Erde, und die Erde braucht dich. Wir sind hier bei dir, und auch du kannst jederzeit mit uns in Kontakt treten.

Nun kehre zurück in deine Welt. Bewahre dir das tiefe Gefühl von Sattheit und wisse, du bist in dir vollkommen, wenn du den heutigen Ort deiner Liebe erkennst.

Erinnere dich immer wieder zum Wohl deines multidimensionalen Seins: Friede auf der Erde – Friede im Universum beginnt mit und bei dir.

Denn du bist wir, und wir sind du. So war es immer, und so wird es immer sein. Deine Gegenwart wird durch die Zukunft geprägt, und deine Zukunft durch die Gegenwart.

Friede sei mit dir, mit deiner Seele, mit deinem Geist, die oder der du bist, von Ewigkeit zu Ewigkeit. Erinnere dich deiner selbst. Lass dein Licht leuchten, dann wirst du jeden Grashalm mit deiner Göttlichkeit berühren, und das Licht wird heller und immer strahlender auf die Erde scheinen.

Beende deine Selbstverleugnung. Tritt heraus aus deiner dir selbst erschaffenen Dunkelheit, hinein in das Licht. Trage das Licht in dir und bringe das Licht zu jedem, der dir begegnet.

Gehe hin in Frieden, lächele dem Leben entgegen, jeden Tag ein wenig mehr, und du wirst heil sein in all deinen Leben, in und auf allen Ebenen deines Seins. Fühle dich geliebt, denn du bist Liebe, du wirst geliebt und bist liebenswert, wenn du dich selbst, wenn du dein Selbst erstrahlen lässt.

Ich war der Logos, der Hüter und Beschützer dieses wunderbaren Planeten, und ich weiß, dass nur die Erde dir im gegenseitigen Geben und Nehmen die Kraft gibt, die du für deine selbst gewählte Aufgabe benötigst. Und auch du weißt dies nun. Du hast es erfahren. Wiederhole diese Meditation, so oft du magst. Dann wirst du dich täglich inniger und fester mit Gaia verbinden und dein Leben auf der Erde so lieben, wie du es schon immer gewollt hast.

Nimm meinen Segen und sei bereit für dein Leben in Freude, Fülle, Leichtigkeit und Liebe auf der Erde.

Sanat Kumara

☆☆☆☆☆

Lady Nada

Vom rechten Umgang mit Gefühlen und Emotionen

Meine geliebte Bruder-Schwester-Seele,

ich, Lady Nada, begrüße dich in der überwältigen Liebe und segne dich mit dem Licht der Quelle. Ich freue mich von Herzen über deine Anwesenheit so, wie über die Anwesenheit so vieler Freunde des Lichts in unseren Energien.

Heute möchte ich dir Freude bringen und dir einen Weg aufzeigen, auf welche Weise du aus dem Kreis der Streitigkeiten mit deinem Partner, mit deinem Kind, mit deinen Freunden, ja, vor allem mit dir selbst heraustreten kannst. Darum möchte ich dir heute von den Mechanismen im Umgang miteinander erzählen.

Liebe Seele, du weißt, was es ist, wenn du dich von anderen Menschen und damit von dir selbst entfernst und trennst. Deine alte Erbitterung: Nie wieder zeige ich meine tiefen Gefühle, nie wieder fühle ich so viel für einen anderen Menschen, steigt erneut in dir auf und holt dich wieder einmal ein. Du weißt aus all deinen Erfahrungen doch schon lange, wie andere Menschen unbewusst auf Rückzug und verdrängte Gefühle reagieren. Die meisten Menschen reagieren auf Rückzug mit eigenem Rückzug, anstatt umzukehren, auf den anderen Menschen zuzugehen und dann zu erkennen:

Alles ist Freude – alles ist Liebe – alles ist gut zwischen uns.

Es ist jetzt, in diesen wunderbaren Zeiten, in denen zu leben du dir erwählt hast, an der Zeit, das alte verneinende Ego loszulassen. Völlige Selbstaufgabe des niederen Egos ist das Ziel, um als transformiertes Ich in deinem strahlenden Licht neu zu erwachen. Völliges Eintauchen in deine selbst gewählten Aufgaben, auch dann, wenn andere Menschen nicht mitspielen wollen, sollte ab heute oberste Priorität für dich und dein Sein besitzen. Habe Verständnis für die Ängste anderer Menschen und auch für deine eigenen. Dann hilf anderen, mit ihren Ängsten umzugehen. Natürlich hast du keinen Einfluss auf die Entscheidungen anderer Menschen. Doch nimm diese nicht einfach vorweg, indem du im Vorfeld schon zu wissen glaubst, wie ein anderer denkt, fühlt oder handeln wird. Zeige deine Wahrheit auf und lebe sie. Dann wird sich in deiner Welt alles in Richtung Freude und Erwachen bewegen.

Flucht ist in der erhöhten Energie der heutigen Zeitqualität keine Lösung mehr. Alles, wovor du fliehst, wird dich einholen. Verschwende keine Zeit, denn du weißt, das Ende der alten Wahrheiten steht nahe bevor. Und du, die oder der du dieses liest, hast einst deinen großen Eid für diese Wendezeit geleistet. Erinnere dich. Gehe in dich und erkenne die Ängste der Menschen, die mit dir gemeinsam vor der Erfüllung ihres Eids stehen. Und dann nimm dir und ihnen die Angst, indem du zu dir stehst, authen-

tisch und echt bist in allen Facetten deines Ausdrucks. Hilf anderen, ihre Ängste vor Gefühlen, Verbundenheit, in deiner Gegenwart loszulassen, und sie werden auch dich verlassen.

Erkenne die inneren Weigerungen, in den alten Ängsten weiterzugehen, weil erst noch dieses oder jenes gelernt werden muss, weil du noch nicht so weit bist, oder welche Ausreden du dir sonst noch zurechtlegst, als die Furchtsamkeit an, die sie tatsächlich ist. Du kennst den Weg, deinen Rückzug zu unterbrechen. Doch statt dein Wissen anzuwenden, es einfach einzusetzen, schaltest auch du immer wieder auf Rückzug in dein eigenes verletztes, ängstliches Inneres Kind. Lass es doch einfach einmal wieder lachen. Erkenne, dass jedes Kind – auch das Kind, das in dir lebt – lieben will, lachen will, die Welt mit ihrer ganzen Fülle umarmen will. Darum lache der Welt ins Antlitz und freue dich am Sein. Lass dich von meiner Rose erwecken und umarme das Leben, indem du es als göttliches Sein bestätigst.

Für viele ist es so viel einfacher, Menschen „da draußen" zu helfen, als dem einen Menschen, der ihnen am nächsten steht. Ihr seid heute in euren Beziehungen einander so sehr verwandt, dass es nicht ausbleibt, euch gegenseitig zu verletzen, denn ihr kennt genau die Schwachpunkte des anderen aus vielen Leben auf diesem Planeten. Es ist euch nur nicht immer bewusst. Natürlich kannst du in jeder Beziehung beharren und alles hinwer-

fen. Du kannst auch in dieser herausfordernden Zeit alles wieder auf ein anderes Leben verschieben. Doch deine Zeit ist immer nur JETZT.

Steige in deinen Beziehungen aus den Macht- und Egospielchen aus, die ihr immer noch wiederholt. Sie sind deiner nicht mehr wert. Hört auf, einander zu manipulieren, indem ihr eure wahren Absichten, Wünsche und Bedürfnisse entwertet und verschweigt. Beginnt endlich wieder zu fühlen wie ein Kind. Frei und offen, ohne Vorbehalte.

Wir wissen, dass dieser Schritt nicht einfach ist. Du aber, tief in deiner Seele, kennst den Weg, denn du hast lange Zeiten und in vielen Leben gelernt, und jetzt ist die Zeit gekommen, dieses dein Wissen anzuwenden. Das bedarf ständiger Achtsamkeit und Beobachtung deiner selbst. Und dann, mein liebes Sein, lege die Scheinheiligkeit ab, mit der du deine Gefühle nicht wahrnehmen willst und verschweigst.

Seit langer Zeit sagen wir immer und immer wieder: Vertraue deinem Gefühl und folge ihm. Mehr musst du nicht tun. Gefühle entspringen deiner Seele, Bewertungen deinem Verstand. Dein Verstand jedoch kann nicht lieben, nicht fühlen. Es ist alles in dir selbst angelegt, und wir helfen dir. Wir helfen euch allen mit unserer universellen Liebe. Doch ihr solltet bereit sein, euer Bewertungssystem in Frage zu stellen und abzulegen. Natürlich ist es für ein kleines Egoselbst einfacher, den totalen Rückzug anzu-

treten. Doch wie sieht es mit deiner, mit eurer Seele aus? Dein freier Wille lässt dir immer die Wahl!

Es wird Zeit, dass du dir deiner Befürchtungen bewusst wirst, um sie dann loszulassen. Mache dir klar, dass du auch ein wenig Angst hast vor dem, was kommt. Da ist ganz besonders die Angst, noch einmal zu versagen, so, wie vor langer Zeit. Und diese Angst ist in anderen Menschen auf dem Weg des Lichts ebenso vorhanden. Ihr könnt jedoch einander helfen, diese Ängste loszulassen. Doch nur, indem ihr aufeinanderzugeht, anstatt euch immer weiter voneinander zu entfernen. Es wird nicht immer leicht für euch werden, und das ist es, was dich schreckt. Auch wir wissen nicht, wie es weitergeht. Doch du selbst hast einmal gesagt, dass dir nie wieder etwas so wehtun kann, wie der Verlust einer bestimmten Seele für dich war. Wovor also hast du Angst? Du hast überlebt und bist gewachsen. Du hast Kraft und Stärke gewonnen. Du hast dich, dein Selbst, gefunden und erkennen dürfen. Du warst und bist bereit, du selbst zu werden, dein Selbst zu leben. Dein Wissen um die Zusammenhänge ist immer größer und bewusster geworden.

Wo beginnt die universelle Liebe? Dort weiterzulieben, wo der Nächste fehlt. Das Wohl und Glück des anderen über das eigene bekannte Rückzugsverhalten zu stellen. Auch andere werden mit der Zeit erkennen, dass Abgrenzung und Intellektualisieren nicht der Weg sind, wenn du ihnen dabei in Liebe behilflich bist.

Lege dein Festhalten an der Illusion der Trennung ab. Es gibt keine Getrenntheit im Universum. Es ist an der Zeit, dass der Mensch sich dem Nächsten zuwendet und diese Wahrheit erkennt. Es ist an der Zeit, dass die Menschheit erkennt, dass ihr einander bedingt und braucht. Die universalen Energien sind überall im Überfluss vorhanden. Du darfst dich darauf einstimmen. Wie das alte Wort des Lichts sagt: Wo zwei oder drei in meinem Namen versammelt sind, da bin ich mitten unter ihnen. Geht also den Weg der Hingabe gemeinsam und lasst das Licht in euer Leben. Erfahrt die Einigkeit des universellen Lichts, indem ihr mehr und mehr das Licht im anderen erkennt. Und wisset, die Erde, die Materie, ist der Ort des Handelns. Verbindet den Himmel mit der Erde, und ihr erfüllt eure Aufgabe.

Wonach suchst du noch, da du doch bereits alles gefunden hast? Erinnere dich an den Suchenden, der nach langer Wanderschaft Gott gefunden hat und es nicht glauben wollte. Lass dich ein auf den Dialog der Gottheiten und erinnere dich deiner Größe, die dir einst zu eigen war. Alles ist immer vorhanden und will nur in dir gefunden werden. Gleichzeitig geschieht: Alles Suchen nimmt ein Ende.

Du Mensch, Kind des Universums, als Gast der Erde, erkenne und lebe dein wahres Menschsein und erfahre, dass du längst am Ziel angelangt bist. Du musst nur noch deine inneren Türen öffnen. Tritt ein und erfahre, was Leben ist. Noch gefangen im Experiment der Polarität, in der

Bewertung der Gefühle und Menschen, gib dich dir, gib dich mir hin, indem du die Bewertung und die Erwartung fallenlässt, und dann weißt du, dass Leben Liebe, Lachen und Licht bedeutet.

Verschwende keine Zeit, indem du weiter im Außen suchst. Erkenne die Botschaft in jedem Menschen, der dir begegnet. Schaue in deinen Spiegel, der vor dir steht, und du weißt, welche Aufgaben vor dir liegen. Vertraue und glaube daran, dass du geführt bist, wenn du die Bewertungen und auch die Befürchtungen fallen lässt. Nur dann, wenn du still wirst und dich nicht vom vermeintlichen Glanz der Welt ablenken lässt, kannst du unsere Führung erkennen und meine Worte vernehmen. Entlasse deine anerzogenen Idealvorstellungen, deine Erwartungen aus deinem Fühlen, Denken und Handeln. Gib dich dir selbst voll und ganz hin und wehre dich nicht länger gegen den Weg deiner Seele, weil sie deinem Verstand so unglaublich weit entfernt erscheint. Strecke deine Hand aus, nimm das Leben in Besitz und lache. Denn du bist beschützt, und starke Helfer stehen dir zur Seite.

Wir alle haben nur den einen Wunsch, dich so schnell, wie du es wünschst, in deine wahre Kraft zu begleiten. Menschenkind, beende deine Verteidigungshaltungen und lass dich ein auf das, was du einmal warst – irgendwo in dir immer noch bist – und bald wieder sein kannst. Nutze deine Möglichkeiten und wisse: Es ist nicht gut, alleine zu gehen. Darum lass dich begleiten vom Leben der Liebe.

Es ist nicht gut, den Weg nur halb zu gehen, darum gehe in dich und finde das Licht, die Liebe und das Lachen in deinem Herzzentrum. Ich verankere – jetzt – meine ätherische Rose der Entfaltung in deinem Herzen und lasse dich an meiner Freude teilhaftig werden. Spüre mich und lass dich von meiner Freude an der Schöpfung berühren. Schließe deine Augen, fühle meine Hand auf deinem Herzen und empfange die Rose der lachenden Liebe in deinem Herzen.

Gehe nun in Demut und Hingabe an dein wahres Selbst deiner Bestimmung entgegen!

Deine Bestimmung ist es, deiner Seele zu dienen und dein zurückgewonnenes Wissen an deinen Nächsten weiterzugeben. Denn was nutzt dir all dein Wissen, wenn du es nicht anwendest, wenn du es nicht in dein Bewusstsein erhebst und allen schenkst, die dir begegnen? Sei dankbar für jeden Tag, an dem dir eine wiedergefundene Seele zur Seite steht, und sei behutsam mit deinem Bruder, deiner Schwester, denn du weißt, dass alles zu dir zurückkehren wird, was du aussendest. Darum sende Liebe und Verständnis aus, Zuneigung, Nähe und Wärme, damit dies alles in deinem Leben Platz nehmen kann.

Dann wirst du erfahren, dass du bereits zu Hause bist. Zu Hause ist immer dort, wo Seelen sind, die mit dir verwandt sind und die dich lieben. Seelen, die deiner Frequenz entsprechen, gibt es vielleicht nur wenige in deinem

Umfeld. Darum gehe sanft mit ihnen um. Erkenne sie, teile dein Sein in Wahrheit und Klarheit mit ihnen und nimm das Geschenk des Einsseins dankbar entgegen.

Erlaube dir, wieder zu erfahren, wie es ist, als Lichtwesen über diesen Planeten zu wandeln, wie damals in Lemuria. Denn du bist Licht. Wende dich ab von Menschen, die diese Tatsache in Zweifel ziehen, oder die dein Licht nicht anerkennen wollen und das Lachen in dir zum Erlöschen bringen. Du wirst anderen Wesen begegnen, die deine Seele stärken, und mit diesen Seelen kannst und wirst du das Leben lieben lernen, und so zur wahren Freude dich und dein Selbst entfalten. Sei einfach nur du, stehe zu dir, lebe dich und umgib dich mit allen Seelen, die dich, deine Seele ansprechen. Und lass niemals geschehen, dass deine Seele weint.

Erkenne den Ruf deiner Seele nach Liebe, Anerkennung und Geborgenheit hier auf dieser Erde. Denn dazu bist du inkarniert, um das Licht, aus dem wir kommen, in dein Leben auf den Planeten der Schwere zu tragen, und dann aus diesem Zustand heraus der Erde zum Aufstieg zu verhelfen. Stelle dich deinen Aufgaben und erlaube anderen Seelen, dir nahe zu sein. Lass deine gesamte Vergangenheit los, denn du kannst sie nicht mehr ändern. Richte deine Konzentration auf das Morgen. Denn morgen ist ein neuer Tag, und die Zukunft beginnt immer in der Gegenwart – hier und heute – JETZT! Es liegt JETZT in deiner Hand, wie dein Morgen aussieht.

Was sorgst du dich um das, was kommt? Nimm in der Gegenwart das an, was in ihr vorhanden ist. Lebe im Jetzt, auch wenn du gelernt hast, dich um das Morgen zu sorgen. So wirst du niemals den Augenblick erleben, und das Leben, die Liebe, die Freude gehen an dir vorüber.

Du hast dich einst hier auf diesem Planeten inkarniert, um die Freude, das Licht und die Liebe zu bringen. Oh, wie weit hast du dich entfernt, wie viele Leben hast du gelitten unter der Einsamkeit, wie auch ich es einst tat. Löse dich aus deinem Fluch, den du dir bei deiner Flucht aus Atlantis selbst auferlegt hast, dem Bann der Getrenntheit und der Suche nach dem Einssein. Diese Zeit nähert sich ihrem Ende. Du kannst es noch nicht glauben, doch du fühlst es. Und die Sehnsucht nach dem Ende der Getrenntheit wurde größer und größer.

Menschenkind, du stehst vor dieser Tür. Öffne sie, tritt ein, lass dich fallen, und du erfährst deine alt vertraute Verbundenheit mit dem Licht. Lass deine Ängste los, erkenne sie, stelle dich ihnen, und dann spring. Denn du fühlst es: Wenn du weitergehst, gibt es kein Zurück zu den alten Verhaltensweisen, zu der alten Fahrlässigkeit, zu der alten Einsamkeit. Diese alten Dinge, die dir so viel Schmerz auferlegten und dir doch so vertraut sind, heißt es nun loszulassen; damit du Kraft tanken kannst für die Aufgaben, die vor dir liegen, wenn der Tag des Lichts kommt. Bis zu diesem Tag, und auch danach, bist du berufen, dich zu erheben, deine alte Macht wieder in Empfang zu nehmen und einem kleinen Kreis, dem Kreis, der dir bestimmt ist, die Wahrheit zu überbringen und deinen Eid zu erfüllen, den du mit vielen anderen nach dem Fall geleistet hast.

Erinnere dich des Eides: „Am Ende der Zeit werden wir uns wiederfinden und diesen Planeten von den dunklen Mächten befreien, die wir eingelassen haben. Einem jeden werden wir die Chance geben, das Licht in sich selbst wiederzuentdecken und in die Vollkommenheit der Einheit zurückführen. Wir bringen Einheit, Frieden, Freiheit, Licht und Liebe zurück auf diesen Planeten."

An vielen Orten dieser Erde finden sich die alten Seelen, die alten Brüder und Schwestern, denn die Zeit ist nahe. Du hast lange erkannt, dass du anders bist, dass du dich den herrschenden Normen nicht unterordnen kannst und willst, weil sie dir fremd sind. Du wirst mehr und mehr Menschen finden, die sind und denken wie du. Und eines Tages werdet ihr als einzelne Gruppen euer selbst auferlegtes Karma beenden und das alte wahre Wissen wieder unter die Menschheit bringen. Diese Menschheit ist dann bereit, eine neue Erde und einen neuen Himmel entstehen zu lassen. Doch zunächst musst du dir dein altes WIssen neu erschließen. Hierbei kann dir der eine Bruder/die andere Schwester helfend zur Seite stehen.

Lerne wieder, Hilfe entgegenzunehmen. Lerne wieder, um Hilfe zu bitten, wenn du sie brauchst. Lerne wieder, zu dir und zu deinen wahren Gefühlen der Seele zu stehen.

Einige von euch haben bereits gelernt, die wahren Gefühle unter den Ersatzgefühlen zu erkennen. Mache dir diese Fähigkeit zunutze. Lerne weiter und begleite andere Menschen, diese innere Stimme der wahren, echten Gefühle wieder zu entdecken. Lass dich nicht länger verunsichern, sondern bleibe dir selbst treu. Laufe nicht länger davon und hilf anderen Menschen zu bleiben, zu sich selbst zu finden, sich selbst zu lieben.

Lieben heißt auch manchmal, liebend hart zu sein, durchzuhalten und immer das Ziel vor Augen zu haben. Du hast es immer wieder erfahren dürfen, wie wichtig im entscheidenden Augenblick ein vermeintlich hartes NEIN war. Darum bleibe bei deinem NEIN gegenüber Sentimentalitäten, auch dir selbst gegenüber. Halte den Menschen, die du liebst, liebevoll den Spiegel vor und blicke auch du in den Spiegel der Erkenntnis. Niemand auf dieser Erde kann dir mehr über dich erzählen als die Menschen, die dir begegnen. Die Reaktion deiner Mitmenschen auf dich so, wie du bist, ist deine eigene Reaktion auf dich selbst, also letztlich ein Spiegel.

Also gehe weiter, folge deiner Wahl und durchbrich den Staudamm, der den Fluss behindert. Lege die Angst vor der Bewertung durch einen anderen Menschen ab. Wisse, dass du göttlich bist und dass jeder, der dieses und damit sein eigenes Licht nicht wahrnimmt, noch müde und ein wenig verschlafen ist. Tadele ihn nicht ob seiner Unwissenheit, sondern sei milde und stehe zu deiner Er-

kenntnis, die du gewonnen hast. Hilf dann dem anderen Menschen, seine eigene Göttlichkeit in sich zu entdecken, indem du seine Göttlichkeit anerkennst.

Und auch wenn du dich jetzt vielleicht zweifelnd fragst, ob und wie du das alles erreichen kannst, dann frage ich dich, wann du endlich deine Selbstentwertung ablegen willst? Nimm deine Fähigkeit an. Du bist hier, und daher sage ich – Lady Nada – dir: Du bist voller göttlicher Fähigkeiten, denn du bist auf dem Weg zu deiner Seele.

Du sprichst dir selbst so oft all das ab, was du anderen Menschen zugestehst. Und vielleicht ziehst du gerade in Zweifel, was du gelesen hast. Du hast es mitgebracht. Deine Mutter, dein Vater, dein Umfeld haben es vielleicht nicht gelten lassen. Deine Lehrer wollten dich verändern. Und so viele Menschen haben dir gezeigt, dass du anders sein sollst, um geliebt zu werden. Doch du bist frei! Du bist nicht mehr klein und ausgeliefert. Du bist unabhängig vom Urteil anderer Menschen. Als du Kind warst, hat es dich nicht von deiner Wahrheit abgebracht, sonst wärst du heute nicht hier und würdest diesen Text lesen. Heute, in meiner lachenden Gegenwart, musst du damit nicht von Neuem beginnen.

Im Kopf gibt es nur die Vorstellung der Liebe, während das Herz die Liebe erfährt.

Lady Nada

Die Suche nach dem Seelengefährten

Immer wieder fragen Menschen die Geistige Welt: Wie kann ich meinen Seelengefährten, meine Dualseele finden?

Der Seelengefährte ist ein Seelenzustand, keine Person. Der Mensch kann sogar mit einem vollkommenen Partner zusammen sein und den anderen dennoch in hohem Maße ablehnen und damit eine der wichtigsten Prüfungen des Lebens nicht verstehen. Der Sinn einer Liebesbeziehung besteht darin, den Blick auf die Liebe und nicht auf die Beziehung zu richten.

Die Aufgabe einer jeden Beziehung besteht darin, die Liebe als solches zu leben, wobei es weniger um die Person selbst geht. Diese Liebe kommt aus dem Herzen, dem tiefsten Zentrum deines Wesens. Liebe ist ein Ur-Gefühl aus der Quelle. Liebe ist die Quelle selbst. Liebe ist ein Lichtstrahl. Sie ist Gegenwart. Liebe ist Gott, Göttin in dir. Sie ist keine Persönlichkeit, und schon gar keine Person. Wenn du die Liebe berührst, dann berührst du deinen Seelengefährten, und die Seelenvermählung, die mystische Vermählung, geschieht. All das erfolgt in dir, die Vereinigung deiner Seele mit deinem Geist, die Vereinigung zwischen dem, was du glaubst zu sein, mit dem, was du wirklich bist.

Im Bereich des Herzens siehst du dann mit den Augen der Göttin. Alle Dinge und Menschen werden dann durch Gott selbst in dir betrachtet, wie sie sind, lichterfüllt und von Liebe durchdrungen. Dein Mann oder deine Frau erglüht dann in einer Schönheit, die dir den Atem raubt. Kannst du das erkennen? Suche das Königreich in dir, und alles andere wird dir gegeben werden, sagt mein geliebter Jeshua. Kannst du diese Worte verstehen? Alle Propheten und Meister sagen dasselbe: Wenn Göttin oder Gott in dir wichtiger wird als das Wer, Was und Wo, dann wird dein Leben ein Strom der Vollkommenheit. Du erschaffst Schönheit in allem, was du siehst, hörst und berührst in allem, worauf du deine Aufmerksamkeit lenkst. Liebe ist eine nie endende Schöpfung.

Während des Verschmelzungsprozesses gibt es immer Hindernisse, und wenn das Paar anstatt aufzugeben seine Schwierigkeiten überwindet, dann wird es daraus gestärkt und weiser hervorgehen. Es scheint, als wären die Hindernisse absichtlich vorhanden, damit die Liebe des Paares tiefer und schöner wird. Wenn sie sich manifestieren, sind sie wie Geschenke, die nach ihrer Überwindung ein Paar näher zur Erkenntnis des Lichts bringen.

Wenn du mit deinem Seelenpartner zusammen sein möchtest, dann ist es besser, nicht daran zu denken, wie er oder sie sein sollte. Du solltest dann eher im Herzen spüren, wie sehr du dieses Wesen bereits liebst. Denn diese deine Liebe wird die Seele zu dir bringen, sie an dich binden und umgekehrt. Doch das wird erst dann geschehen, wenn die Zeit reif ist, und du wirst dich in dieser

Bindung freier als ein Vogel fühlen. Darum, geliebtes Sein, suche nicht nach der Vollkommenheit an einem beliebigen Ort. Finde sie in Allem-was-ist. Fühle die Schönheit des Seins und gehe auf deine Seele zu.

Liebe und fühle die Liebe. Fühle Göttin, Gott, in dir selbst lebendig werden, wenn du deine Schöpfung betrachtest und dann: SEI.

Der Verstand ist ein klägliches Instrument, um die richtige Entscheidung zu treffen.

Mein Herz wurde zum Ozean, Geliebter, seit du deine Liebe hereinströmen ließest.

Der Liebende, der von der Bestätigung seines Geliebten abhängig ist, dessen Liebe ist wie eine Flamme, die Öl zum Brennen braucht. Doch der Liebende, der auf seinen eigenen Füßen steht, ist wie die Sonne, die niemals Öl braucht, um zu leuchten.

Vertraue darauf, dass genau die Menschen in deinem Leben sind und in dein Leben treten, die deiner Entwicklung in diesem Moment am förderlichsten sind. Das alleinige Warten auf den Seelengefährten kann dir so sehr viele Lernmöglichkeiten mit anderen Menschen nehmen. Das Zusammentreffen mit dem Seelengefährten vor der vereinbarten Zeit kann zu großem Schmerz und Einsamkeit führen, denn Seelengefährten haben sich verabredet.

Jeder lernt seine Lektionen. Jeder Teil erfährt seine Erfahrung, und zu einer bestimmten Zeit werden sie sich wiedererkennen und miteinander verschmelzen. Das muss nicht einmal in einer Beziehung sein, es kann auf alle möglichen Weisen geschehen. Das Zusammentreffen vor der Zeit kann dergestalt aussehen, dass sich eine tiefe Abneigung gegen die andere Seelenhälfte aufbaut, denn Gegensätzlicheres als Dualseelen, die noch auf ihrem eigenen Weg sind, ist kaum vorstellbar. Darum sei einfach nur gewiss, dass jeder Mensch, der zurzeit dein Leben teilt, dein Seelengefährte ist. Denn letztlich sind wir alle eins. Die Verbindung der beiden Teile einer Seele muss also nicht in diesem Leben geschehen. Sie kann auch zwischen den Leben oder im Aufstieg selbst stattfinden.

Wenn ich mich an die Zeiten erinnere, die ich mit meinem geliebten Dual, Jeshua, verbrachte, dann fühlte ich neben all dem Schmerz der unerfüllten Liebe die große Befriedigung, einem Weg zu folgen, der meiner Seele zum Wachstum verhalf. Denn seine Erfahrung wird für alle Zeit auch die meine sein. Das, was ihr auf Erden unter erfüllter Liebesbeziehung versteht, ist in den Universen unbekannt. Eine erfüllte Liebe ist, wenn du Gott in deinem Partner, die Göttin in deiner Partnerin und damit in dir selbst erkennst. Wenn Verschmelzung der Seelen zu der Einheit, die göttlich ist, stattfindet. Dann ist die Hochzeit im Himmel geschlossen. Da wir alle aus der Quelle kommen, gibt es also nicht das Ziel, hier auf Erden mit dem Dual eine glückliche irdische Liebesbeziehung zu führen. Nein, denn für die Seele zählt nur die Erfahrung des Erlebten. Darum freue dich!

Das Universum wartet nicht. Entwicklung findet statt, ob es dem Einzelnen nun gefällt oder nicht. Gehe weiter und sorge dich nicht um deine Liebe. Du musst nicht auf das Wachstum deines Partners warten oder gar ihm alles abnehmen, damit er weiterwachsen kann. Die Zeit wartet auch nicht auf dich, sosehr du vielleicht darauf hoffen magst. Erkenne deine Verbundenheit mit deinem Partner an, gib ihm oder ihr deine Hilfe, wenn er/sie dich darum bittet. Doch außerhalb dieser Zeit konzentriere dich auf deine Aufgaben und auf dein Wachstum. Es ist nicht wichtig, irgendeine Tätigkeit anzunehmen, auch wenn dein Intellekt scheinbar keine andere Lösung weiß. Die Menschen werden zu dir finden, wenn du hinausgehst.

Alles wartet darauf, dass du endlich beginnst. Mache dich auf und beginne! Vergiss die Äußerlichkeiten. Es ist in Ordnung, die geplanten Aktionen zu starten, konzentriere dich dabei auf deine weiteren Pläne. Der äußere Anschein trügt so oft deine angelernten Verhaltensweisen. Wirf die über Bord, mit denen du dich selbst behinderst. Du darfst lernen, um Hilfe zu bitten. Du darfst Hilfe annehmen, denn auch wir helfen dir. Alle Aufgestiegenen Meisterinnen und Meister helfen dir, wenn du auf dem Weg des Lichts wandelst. Doch so oft nimmst du, Menschenkind, nur ungern entgegen, was du dir nicht erkämpft hast. Nutze alle deine liebevollen und hilfreichen Worte, die du für andere Men-

schen findest, einmal für dich und stelle dann fest, dass du geliebt wirst. Lerne, dich selbst zu mögen, dir selbst zu vertrauen und dann... dich selbst zu lieben, so, wie wir dich lieben.

Erkenne, dass auch andere Menschen Verständnis für dich aufbringen können, so, wie du für sie. Erkenne, dass auch andere Menschen dir helfen wollen, geben wollen und nicht immer nur nehmen. Dränge daher andere Menschen niemals in ein Gebe-Defizit. Lass sie für den Energieaustausch sorgen und nimm an. Öffne dein Herz für die Güte im Menschen mehr und mehr. Lass dich mit Liebe und mit Hilfe beschenken. Und zweifle nicht weiter an der Liebe und Zuneigung in deinem Leben, dann wird die Liebe Einzug halten und verweilen.

Erkenne, du bist niemals das Außen. Das Außen ist du. Du bist die Liebe, die du gibst und die dir entgegengebracht wird. Erkenne dich selbst im anderen und im Spiegel der Welt.

Mein liebes Kind, Göttin und Gott lieben dich genauso wie alle anderen Menschen auf diesem Planeten, denn sie leben in dir. Doch du musst ebenfalls erkennen, dass du ein großes Wesen des Universums bist. Dass du ein Recht hast. Integriere dieses Recht in dein Leben. Sei sicher in der Gewissheit, dass du geschützt bist. Dass deine Liebe geschützt ist, weil sie Gott und Göttin in dir ist. Wir trauern so oft um eure Verblendung, mit der ihr euch das Leben und die Liebe so schwer macht. Alles Zeitverschwendung! Ja, manches Mal erkennt ihr diese Tatsache, doch immer wieder lasst ihr euch einholen von althergebrachtem Denken. Es ist alles so einfach. Ihr seid Liebe, und die Liebe ist heilig. Verletzt sie nicht so sehr, damit ihr sie nicht noch einmal verliert.

Lerne anzunehmen. Das gilt letztendlich für alle Menschen. Es ist alles im Überfluss vorhanden. Ihr müsst nicht zweifeln an der Liebe: Wenn ihr dieses tut, dann zweifelt ihr an der Quelle. Denn: Die Quelle, das Licht, IST. Das Licht ist immer bei, in und mit dir. Finde es in dir. Dann schaue es an und erkenne deine eigene spirituelle Kraft. Diese Kraft und Liebe ist in dir als Geschenk deiner eigenen Göttlichkeit auf deinem Weg zurück nach Hause. Nach Hause in das Licht, das du bist. Du wirst immer wieder Kraft, Stärke und Zuversicht erfahren, wenn du mit diesem Licht in dir in Kontakt trittst. Auch wenn dein vermeintliches Chaos dich bedrängt, erkenne die Chance darin, heil zu werden, im Innen wie im Außen.

Ihr seid nicht allein. Ihr seid zu zweit auf dieser Erde. Zwei Seelenanteile, die sich unendlich viel geben können, selbst dann, wenn sich ihre Wege niemals kreuzen. Seelen, die an– und miteinander wachsen. Tut es in Freude, lebt, lacht und liebt in Freude, jeder für sich. Dann seid ihr irgendwann in der Zeit bereit, einander zu berühren, und ihr werdet feststellen, dass es nichts Wichtigeres gibt im Leben, als diese Liebe in allen anderen Menschen aufer-

stehen zu lassen. So, wie Jeshua und ich es taten. Lasst endlich wieder die Freude leben. Deine Sehnsucht nach Freude und Leben ist die Sehnsucht der Freude und des Lichts nach dir. Das Licht, die Freude, die Liebe und das Leben rufen dich. Denn Menschen, die Freude suchen, finden Menschen, die Freude ausstrahlen. Du wirst immer das anziehen, was du ausstrahlst. Und wenn ihr, die ihr nach Menschen sucht, in Freude euren Weg geht, dann werden die richtigen Menschen zu euch strömen. Denn ein freudvoller Mensch zieht die noch suchenden Menschen an, die ebenfalls auf diesem göttlichen Weg der Liebe sind. Wo Freude ist, da ist Hoffnung. Da lebt das Leben sich selbst.

Erkenne: Du kannst und wirst nichts erzwingen. Der einzige und schönste Weg ist, die Liebe zu integrieren in allem, was du tust auf diesem Planeten, selbst wenn es sich um so unwichtige Dinge wie Zähneputzen handelt. Die Liebe will lebendig leben. Sie will lachen und die Illusion der Dunkelheit in allem, was lebt, überwinden.

Es ist das Ziel dieser Zeit, dass immer mehr Menschen erwachen. Erwachen zum Licht. Du kannst Wegbereiter für viele sein, wenn du es willst. Deine Seele wird dir immer zur Seite stehen, damit du mit dem Notwendigsten zum Leben versorgt bist, so lange du auf dem Weg des Lebens bist. Doch der Überfluss muss aus deinem eigenen Herzen kommen. Lass die Liebe fließen. Beende das traurige Spiel des Dich-Verweigerns. Das Licht, das nichts als Liebe ist, hat sich dir niemals verweigert. Es ist immer bereit zu vergeben, zu vergessen und Liebe zu verströmen.

Wisse, dass wir dich immer lieben. Dass wir dich begleiten. Wir halten unsere Hände segnend über euch. Doch du kannst es nur dann spüren, wenn du im Herzen ganz still wirst. Wenn du dich empfangend öffnest, dann sind wir mitten unter euch. Erkenne, geliebte Seele, dass wir uns in Freude und Liebe mit dir vereinen möchten. Erkenne den Ruf deiner eigenen liebevollen Seele und folge diesem Ruf in Liebe, Verbundenheit und Freude, auch dann, wenn du es gerade nicht verstehst.

Gerade dann, wenn es für dich am dunkelsten zu sein scheint, sind wir ganz nahe. Gerade dann, wenn du am meisten zweifelst, nehmen wir dich an die Hand und führen dich, wenn du uns zuvor darum gebeten hast. Denn wir lieben jeden Lichtarbeiter in seinem Sein. Wir anerkennen den Mut und die Kraft, mit der du auf der Suche bist. Tue du das Gleiche. Urteile nicht härter über dich selbst und andere Menschen, als wir es tun. Denn wir urteilen nicht über dein Sein, Handeln und Tun. In den dunklen Momenten auf dem Planeten Erde verbinde dich mit uns und spüre unsere Verbindung zu dir.

Deine Liebe lebt in dir. Versuche nicht, perfekter zu sein, als du im Augenblick bist. Lebe die Liebe, die in dir ist. Versäume nicht auf der Suche nach dem Glück, das

Glück zu erfahren, das du bereits besitzt. Jage keinem Idealziel hinterher, ohne die erreichten Zwischenziele zu erkennen, und, vor allem, diese dann in Selbstliebe zu genießen. Anerkenne deine Fähigkeit, die Liebe, die in dir ist, in deinem Leben fließen zu lassen. Sei zufrieden mit dem, was dir bereits geschenkt wird; mit dem, was die Göttin in dir dir zum Geschenk reicht.

Dein Ruf wurde vernommen. Du hast angeklopft, und dir wurde aufgetan. Bleibe dir und deiner Liebe treu, und du wirst mehr und mehr über dich erfahren, über das Leben und das Licht. Erkenne auch du, dass du Licht bist. Fahre fort auf deinem Weg der Liebe ohne Widerstand. Gehe deinen Weg in Liebe, und alles ist gut so, wie es ist.

Schaue dich um und erkenne, dass zu dieser Zeit nichts perfekt ist auf diesem Planeten. Warum willst du göttlicher sein als Gott? Du bist Gott. Du bist die Göttin. Lebe!

Du bist auf deinem Weg. Du bist geführt und geleitet. Du wirst geliebt. Nimm die Geschenke des Lebens und des göttlichen Lichts freudvoll entgegen, dann wirst du immer mehr empfangen, denn wir, deine Brüder und Schwestern der Lichtebenen, wir lieben und wir segnen dich in jedem Augenblick deines Seins.

In Liebe,
Lady Nada

Saint Germain

Befreien aus der Unfreiheit

Ich, Saint Germain, begrüße dich in Liebe und umarme dich mit der Fülle des lichtvollen Universums. Ich komme zu dir in Freude und urteilsfreier Liebe.

Wie dir bekannt ist, geliebte Freundin, geliebter Freund, ist die Erde im Aufstieg begriffen, und wir sind hier, um euch den Weg in das Licht der Liebe zu weisen. Da die Zeitenwende immer näher rückt, ist es notwendig geworden, unter den Lichtarbeitern, die immer noch in alten Begrenzungen bleiben, und jenen, die wahrlich für die Welt eine Unterstützung sein wollen, eine Auswahl zu treffen.

Da du dieses liest, gehörst du zu der letzten Gruppe, und ich bin heute hier, um dir aufzuzeigen, wie du dich selbst befreien kannst von allen Lasten, um aus dir heraus zu leuchten und der Welt das Licht zu schenken, das sie so sehr benötigt. Es werden auf eurer Erde noch etliche Kataklysmen[1] auftreten, und jedes Mal ist es vonnöten, dass du und alle, die sich mit dir auf dem Weg des Aufstiegs befinden, der Erde Heilung senden. Dazu bin ich heute gekommen, um dir das Geschenk der violetten Flamme zu überreichen.

---

1 Erdgeschichtliche Veränderungen, Anm. des Verlags

Die violette Flamme ist das kraftvollste Geschenk, das wir euch zur Reinigung aller unklaren Ebenen schenken können. Ihr wisst es längst. Damals in Lemuria habt ihr mit dem Licht des violetten Strahls in Verbindung mit dem Silberlicht der Schöpferebene gearbeitet, weil sie euer angeborenes Recht war. Und dann seid ihr eingeschlafen, und die Flamme wurde in die Reiche emporgehoben, in denen sie ihr Zuhause hat. Heute ist die Flamme wieder erreichbar für alle, die ihre Verstrickungen erlösen und der Welt ein Heilbringer sein wollen.

Doch wozu das alles, wirst du dich vielleicht fragen? Hast du doch schon oft von der Kraft der violetten Flamme gehört, und trotzdem konntest du nicht den Erfolg erzielen, der ihr anheim gestellt wird. Nun, meine Liebe, mein Lieber, dann hast du sie vielleicht nicht in der rechten Absicht und ebenso nicht in der rechten Weise genutzt. Es reicht nämlich nicht, einfach nur die Flamme zu rufen, und dann wirkt sie für dich ganz von allein, wie es so oft zu lesen ist. Nein, du musst in die violette Flamme eingeweiht sein, um sie zu ihrer vollen Kraft erwachen zu lassen. Diese Weihe will ich dir hier mit diesen Zeilen schenken.

Du brauchst dazu niemanden draußen, der oder die dich einweiht. Diese Einweihung überreiche ich dir als Geschenk, weil du mich gerufen und gebeten hast, der Welt ein Licht sein zu dürfen. Ich erwähle dich zu einer Botschafterin, einem Botschafter der Quelle und schenke dir das heilende Licht der violetten Flamme aus der Quelle selbst.

Es ist gut, wenn du eine kleine Vorbereitungsarbeit machst. Schreibe dir alles nieder, von dem du wirklich und wahrhaftig frei sein willst. Schreibe dir Selbstvorwürfe, oder Mangeldenken, einfach alles, was dich belastet, auf, damit du voll und ganz selbstverantwortlich mit der Kraft der Transformationsflamme in Berührung treten kannst.

☆☆☆

Einweihung in die violette Flamme

Mein geliebter Freund, meine geliebte Freundin,

heute darfst du die Gnade der Einweihung in die violette Flamme empfangen, die ich dir persönlich überreichen werde. Wisse, dass diese Einweihung nur zustande kommt, wenn du diese ehrlichen Herzens und in reiner Absicht für dich selbst erbittest. So kann diese Einweihung dir auch nicht in irgendeiner Form durch einen anderen Menschen offeriert werden.

Bereite deinen Raum liebevoll vor und erweise uns die Ehre, die du jedem physischen Gast gewähren würdest. Wir aus den himmlischen Sphären erfreuen uns immer an einer reinen Atmosphäre. Daher wäre es auch für dich schön, wenn du deine Einweihung in feierlicher Stimmung erfahren würdest. Bereite dazu deinen Raum liebevoll wie zu einer Feier vor. Denn es ist deine Feier der vollkommenen Freiheit.

Du kannst deinen Raum mit einem Rauch reinigen und dann eine Duftlampe mit klärendem Öl aufstellen. Salbei als Grundräucherung, danach Lavendel, Veilchen oder Rose als Duft ist eine wunderbare Kombination für dich, um dich völlig der Klärung, die durch die violette Flamme geschenkt wird, hinzugeben. Wenn dies getan ist, du dich völlig wohl und in freudiger Erwartung befindest, dann mache es dir ganz bequem.

Schließe deine Augen und setze dich, mit den Handflächen nach oben, locker und bequem auf einen Stuhl. Entspanne deinen Atem. Atme ganz ruhig und gleichmäßig und komme mehr und mehr in deinem Zentrum der Kraft, in deinem Herzen, in dir selbst, in deiner vollkommenen Göttlichkeit an.

Bitte um die Erschaffung einer goldenen Kammer der Heiligkeit und des Schutzes. Nimm wahr, wie goldenes Licht deinen Raum einhüllt, ihn erstrahlen lässt, und fühle dabei, dass du im warmen Schutz der Quelle jetzt in dir ruhst.

Lade auch deine spirituellen Begleiter und Engel ein, bei dir zu sein, während ich dich in die Kraft der violetten Flamme einweihe. Und nun nimm wahr, wer alles zu deiner Einweihung in deine Energie tritt.

Als Nächstes tritt in Kontakt zu mir, indem du laut sprichst: „Ich rufe Meister Saint Germain. Ich bitte aus reinem Herzen um die Einweihung in die violette Flamme der Transformation."

Nun öffne dich und fühle meine Gegenwart.

Sobald du meine Gegenwart spürst, öffne dein Herz, denn ich werde dir ein Symbol deiner selbst in deine rechte Hand legen. Erkenne das Symbol, das dir die Richtung für deinen Weg weist.

Es ist gut, wenn du über dein Symbol meditierst und die Bedeutung für dich erfährst.

Nun verankere mein Geschenk tief in deinem Herzzentrum, indem du deine Hand mit dem Symbol auf dieses legst und dir vorstellst, wie es in dich einfließt.

Bedenke noch einmal alle Dinge, die du loszulassen wünschst, und wenn du so weit bist, dann sprich laut: „Ich bin bereit, die Einweihung in die Kraft der violetten Flamme, die mir durch Meister Saint Germain überreicht wird, jetzt in Empfang zu nehmen.“

Nun werde ich dich einweihen in die Kraft der violetten Flamme, die dir von nun an für deinen Aufstieg zur Verfügung steht. Fühle meine Hand auf deinem Herzzentrum und auch das Fließen der Energie aus der Quelle in dir.

Wenn du meine Berührung wahrnimmst, dann stell dir vor, nimm wahr, fühle oder sieh, wie die violette Flamme bei dir ankommt. Nimm wahr, wie sie dich liebend umkreist, dich umtanzt und voller Freude berührt. Diese Flamme ist reines Bewusstsein aus der Quelle, bereit, dich in deinem Sein zu begleiten, bereit, dich in deiner eigenen Transformation zu fördern und zu unterstützen.

Nimm jetzt wahr, wie die violette Flamme zuerst in dein Herzchakra eintritt und danach in deine anderen Chakren. Lass jetzt die violette Flamme für einige freudige Minuten jedes deiner Chakren, jede Zelle deines physischen Körpers und deine Aura mit dem violetten Licht erfüllen und reinigen. Du wirst es fühlen, wenn die erste Reinigung in jedem Chakra abgeschlossen ist.

Nun fühle, wie ich meine Hände auf deine lege, und wie eine kleine Flamme aus der Hand meiner Meisterschaft in jede deiner Hände fließt. Fühle die Flamme in deinen Handinnenflächen, fühle, wie sie wächst und sich fest verankert, und dann nimm wahr, wie sie hier und jetzt von mir fest in deinen Handflächen verankert wird. Die Einweihung deiner Hände ist jetzt vollzogen. Bestätige daher mit kraftvollen Worten:

„Ich fühle die violette Flamme der Transformation als neue, heilende Kraft in meinen Händen!“

Ich werde nun zu dir die Bestätigung deiner Weihe sprechen, die du jetzt in deinem Herzen vernimmst.

Und nun vernimm meine zweite Bestätigung:

„Von heute an darfst du alles und jeden mit der heilenden Kraft der violetten Flamme der Transformation berühren, das/der dir auf deinem Weg begegnet.“

Fühle jetzt meine Hände erneut auf deinem Herzzentrum und empfange die violette Flamme in deiner göttlichen dreifaltigen Herzensflamme. Sieh die violette Flamme nun deine dreifaltige Herzensflamme, die direkt mit dem Zentrum der Quelle verbunden ist, reinigen, sodass sie strahlend und klar wird in ihren drei Farben: Rosa – Gold – Blau.

Die violette Flamme wird nun größer und größer in dir, bis sie deinen ganzen Körper ausfüllt und darüber hinausragt. Fühle sie wachsen. Fühle sie dich ausfüllen und dein Energiefeld in strahlendes Licht tauchen.

Dein Seelenchakra über deinem Kronenchakra und dein Erdenchakra unter deinen Füßen im Erdboden werden eingeschlossen in die heilige Verbindung mit dir und deinem Sein im Glanz der violetten Flamme der Transformation.

Bedanke dich bei dir, dass du dich für die Gnade des Geschenks der violetten Flamme entschieden hast. Bedanke dich auch bei mir, dass ich deinem Ruf folgte, und lausche nach innen, denn ich habe noch eine ganz persönliche Botschaft für dich. Merke sie dir gut und notiere sie sofort nach deiner Einweihung.

Und nun sprich deinen Dank an die Hüter der violetten Flamme:

„Ich danke den Hüterinnen und Hütern der violetten Flamme und allen spirituellen Freunden, die hier heute anwesend waren, mit aller Liebe, die in meinem göttlichen Herzen lebt.“

Verabschiede dich für den Augenblick von unseren spirituellen Freunden und nimm dir Zeit, ihrer Verabschiedung beizuwohnen.

Ich darf dir von Herzen gratulieren. Du bist nun durch mich, durch Amethyst und Zadkiel eingeweiht in die violette Flamme der Transformation, und damit in das heilende Licht bedingungsloser Liebe, Transformation, Freiheit und spiritueller Unterstützung.

Gehe nun in Frieden in deinen Alltag. Lass das violette Licht durch dich scheinen und berühre jeden Menschen, der dir begegnet, mit deinem Leuchten in seinen niederen und spirituellen Körpern.

Hiermit ist deine Einweihung vollzogen.

Wer mich ein wenig kennt, weiß, dass ich mich zu allen Zeiten um die Menschheit gesorgt und gekümmert habe. In allen Epochen war ich zu Hause, und nachdem ich meinen Aufstieg erfolgreich erfahren habe, habe ich mich entschieden, auf dieser Erde zu verweilen, um der Welt das Licht in die dunklen Bereiche des Seins, der Suchenden und der Politik zu tragen. Mein Medium hier nennt mich daher oft scherzhaft den Tausendsassa in allen Zeiten. Und sie hat Recht, denn im Grunde bin ich ein Zeitreisender, weil ich die Zeit, und damit das Altern in der Zeit, überwunden habe. Ich bin in allen Zeiten zu Hause und liebe die Erde. Das ist der Grund, warum viele Menschen mich wahrnehmen, denn auch du kennst mich aus vielen Zeiten, in denen wir verbunden waren.

Es ist nicht wirklich wichtig, wer ich alles gewesen sein soll, und wer ich tatsächlich war und heute bin. Doch so viel ist sicher: Ich war nicht immer ein die Menschen liebendes Wesen. Nein, auch ich hatte Zeiten des Egoismus, der Machtgelüste, der Herrschsucht und der Niederlagen. Doch all dies sind nur kleine Dinge und Zeiten, durch die eine jede Seele hindurchwandert auf ihrem Weg der Rückkehr zu sich selbst. Denn: Du musst nicht aufsteigen – du bist längst aufgestiegen, weil du im Grunde vor langen Zeiten einfach nur abgestiegen bist und deinen Rückweg finden willst.

Nun meint Rückweg nicht Rückschritt, sondern schlicht und ergreifend Heimkehr. Niemals warst du wirklich getrennt. Du hast dich nur verloren. Du hast dich entschieden, ein Karmaspiel zu spielen, und mit dieser Entscheidung hast du vergessen, die Papierschnitzel auf den Weg zu werfen, die dir wie bei einer Schnitzeljagd den Rückweg offengehalten hätten. Doch dieses wunderbare Spiel neigt sich für viele jetzt dem Ende entgegen. Für dich ist es an der Zeit, deine Heilung voranzubringen und damit so viele Menschen wie möglich zu erreichen, die in die Liebe und in das Licht nach Hause zurückkehren wollen, in unsere herrlichen Reiche der Aufstiegsebenen, auf denen bereits alle Vorbereitungen für eure Heimkehr getroffen werden.

Saint Germain

Was ist die violette Flamme, und wie wirkt sie?

Die violette Flamme ist eine sehr hoch schwingende, spirituelle Energie, die direkt aus der Quelle kommt. Sie ist manifestierte Lichtenergie, die alles heilen kann, was du in reines Licht transformieren möchtest.

Wenn du die violette Flamme anrufst und anwendest, kann sie jede niedere Energie in allen Ebenen deines Lebens transformieren und in reines Licht verwandeln. Die meisten Menschen erinnern sich der Kraft der violetten Flamme, da wir zu allen Zeiten mit dieser göttlichen Gnade gearbeitet haben. Auch ich habe sie genutzt und an auserwählte Schüler weitergereicht, als ich noch auf Erden weilte. Und ich war sehr dankbar, als Lady Kwan Yin (Guanyin) das Amt des Hüters der Flamme im Erdenjahr 1953 an mich – Saint Germain – übergab.

Die violette Flamme kommt direkt aus dem siebten Strahl des universellen Bewusstseins des Universums. Sie wurde für jeden Menschen erreichbar gemacht, der sich selbst und die Erde in die höheren Ebenen begleiten und leiten will. Wenn du diese wundervolle Flamme der Transformation und Freiheit regelmäßig anwendest, und dazu benötigst du nicht viel mehr als ein einfaches Mantra, wenn du eingeweiht bist, dann kannst du Segen in alle Bereiche bringen, in denen du Heilung wünschst. Die Anwendung darf natürlich immer nur unter Berücksichtigung des freien Willens der Wesenheit, der du Heilung wünschst, geschehen. Ignoriere nie den freien Willen eines anderen, denn das Karma, das darauf folgt, wird dein eigenes sein.

In dem Augenblick, in dem du die violette Flamme hereinrufst, hat sie die Macht, dich von allen karmischen Verstrickungen zu erlösen. Dies gilt für alle Ebenen, bis hin zur körperlichen Ebene, denn alle diese karmischen Verstrickungen halten die Menschheit in Dunkelheit und Kranksein gefangen.

Daher lass uns nun ein wenig über Karma sprechen. Und das wird meine geliebte Freundin Kwan Yin übernehmen.

Saint Germain

☆☆☆☆☆

Lady Kwan Yin

Was ist Karma wirklich?

Aus den Aufstiegsebenen begrüße ich euch, Wesen des Lichts, die ihr auf dem Weg zurück in das Licht in euch selbst wandelt.

Heute gibt es viele Gnaden, die der Menschheit, und damit auch dir, gewährt werden. Die Hüter des Karma haben in Übereinstimmung mit der Quelle selbst beschlossen, dass jedes Wesen auf dieser Erde, das von Karma frei sein möchte, das Geschenk der Gnade in dieser lichtvollen Zeit erhalten darf. Wir sind euch so nahe, und doch manchmal so fern, weil so viele Menschen im Dunkel des Unwertseins gefangen bleiben wollen. Doch wisset: Auch wir waren Menschen in einem menschlichen Körper, in einem menschlichen Leben, wie jeder von euch es sich für diese Zeit erwählt hat. Darum:

Geliebte Brüder und Schwestern, wir ehren euch, ganz besonders jene, die nach ihrem letzten Aufstieg noch einmal freiwillig diesen Weg auf der Erde auf sich nahmen, um diese in ihrem Aufstieg zu unterstützen. Ihr habt so viel Liebe in euch, derer ihr euch selbst meist nicht bewusst seid. Und daher sind so viele von euch in einem Kreislauf gefangen, den wir „Selbstbestrafung aus Unwissenheit“ nennen. Ihr habt euch dieses Karma auferlegt, damit ihr als Erste erkennen dürft, wie einfach es ist, aus dem Kreislauf des Schuld- und Sühnedenkens herauszutreten.

Dieses Geschenk der Menschheit zu überbringen, sind wir aus unseren Ebenen angetreten. Wir warten auf dein Erinnern, auf dein Neu-Erwachen.

Wie du sicher weißt, ist Karma das universelle Gesetz von Ursache und Wirkung. Zu den Zeiten, als wir uns aus der Einheit entfernten, um das Spiel der Dualität zu erfahren, trafen wir mit der großen universellen Schwestern- und Bruderschaft gemeinsam eine Vereinbarung, dass wir aufgrund dieses Gesetzes lernen wollen. Nun, wir alle haben diesen Zyklus durchlaufen, in dem ihr euch noch oder noch einmal befindet, da ihr auf der Erde weilt. Zur Überwachung der Folgerichtigkeit wurden die Hüter und Hüterinnen des Karmas erwählt.

Es gibt heute Wege, die wir der Welt geschenkt haben, in denen du schnell von deinem Karma auf dem Weg der Gnade befreit werden kannst. Dies geschieht nicht, weil nun alles gut ist, oder weil wir in den Hierarchien sentimental geworden sind (Kwan Yin lacht). Nein, es darf bei all denen erfolgen, die ehrlichen Herzens darum bitten. Entweder wir rufen dich zu einem bestimmten Seminar oder zu einem bestimmten Buch, oder wir überreichen dir, wie zuvor mein lieber Bruder Saint Germain, die violette Flamme der Transformation oder durch mich die goldene Lavendelflamme in Lotusform.

Wenn du den Ruf und den Wunsch verspürst, von deinem Karma durch die Gnade, die du selbst dir schenkst, befreit zu werden, dann bist du bereit, dieses Geschenk verantwortungsvoll entgegenzunehmen, und gibst es an jeden zurück, der dir begegnet. Du, mein geliebtes Sein in Menschengestalt, hast längst dein Karma überwunden, und nur noch Reste begleiten dich durch dieses Leben. Schaue dir diese Reste in dir an, von denen du glaubst, dass sie dich vom Licht fernhalten. Sind es nicht alles nur Reste von mangelnder Selbstliebe, mangelndem Selbstmitgefühl und mangelnder Selbstvergebung? Ich weiß, dass du mir dieses bestätigen wirst, und doch bist du bereits genügend in die Auflösung dieser eigenen Begrenzungen hineingetreten, um das Geschenk der Gnade zu erbitten. Und wisse, es sei dir jederzeit gewährt, weil du selbst es dir gewährst.

Die Hüter des Karmas haben für diese Zeiten mit so vielen von euch vereinbart, die alten, selbst auferlegten Begrenzungen nicht mehr neu zu definieren. Als du in diese Inkarnation kamst, wusstest du, dass nur noch ein kleiner Rest zu erlösen ist, und daher haben wir zum Heil der Erde, der Seelen und des Aufstiegs gemeinsam beschlossen, den Kreislauf des sich ständig drehenden Karma-Karussells zu stoppen. Das Karussell wurde einfach angehalten.

Denn Karma ist ein Glaubenssatz, der bisher Gültigkeit hatte und nun nicht mehr zur Anwendung kommt. Du als Lichtarbeiter, als Lichtkrieger, als Lichtbringer, als Sternensaat, hast Wichtigeres zu erledigen als weiterzuspielen.

Du hast es nur vergessen, dass wir diese Vereinbarung getroffen haben, und viele von euch haben oft verzweifelt nach Hilfe aus den Himmeln oder den himmlischen Ebenen gerufen, weil ihr euch verlassen fühltet. Dies war euer unbewusstes Erinnern, und jetzt ist es an der Zeit, zu erwachen. Viele von euch haben auch vergessen, dass sie, längst aufgestiegen und frei von Karma, aus tiefer Liebe zu dieser Erde diese Mission noch einmal freiwillig auf sich genommen haben.

Karma wird von dir genommen, wenn du eine Einweihung in diese Gnade erhältst, oder wenn du darum bittest und die violette Flamme für alle Ebenen der Reinigung zuerst für dich selbst, dann für deine Umgebung und dann für die Erde anrufst.

Es ist das erste Mal, dass ein solches Gnadengeschenk einem physischen Planeten gegeben wird, und das aus dem Grund, weil so viele hier sind, die bereits lange Zeit schon ihrem Aufstieg entgegenstreben und das Spiel des Karmas nun lange genug gespielt haben. Ihr könntet es bis in alle Ewigkeiten fortführen, denn es vergeht kein Tag, an dem ihr nicht dem Gesetz dient, etwas zurückbekommen zu müssen, weil ihr euch darauf eingelassen habt, dieses Gesetz als das einzig wahre zu erkennen. Die Zeit ist gekommen, die Liebe zu leben und zu feiern. Darum nimm dein Geschenk der Befreiung deines Karmas entgegen und lache in den Wind. Ich freue mich besonders, dass ich der Menschheit und damit auch dir dieses Geschenk überreichen darf, werde ich doch die Göttin der Barmherzigkeit und der Gnade genannt.

Darum möchte ich dir jetzt erzählen, wie du von deinem Karma erlöst werden kannst, indem du die violette Flamme der Transformation für dich nutzt. Und wisse: Mit jeder Befreiung und Erlösung deines eigenen Karmas erlöst du das Karma all der Menschen, die in dein Karmaspiel involviert sind.

Lady Kwan Yin

☆☆☆

Die Befreiung aus deinem Karma

Beginne deinen Bewusstwerdungsprozess, indem du ganz bewusst und diszipliniert die kurzen Übungen zur Selbstliebe durchwanderst, die dir zu Beginn dieses Buches angeboten wurden. Mache dir bewusst, auf welchen Ebenen und in welchen Situationen du noch nicht Liebe bist und nicht in der Liebe lebst, die Gott und Göttin in dir ist.

Notiere dir auf so vielen Zetteln wie notwendig alles, wovon du wirklich frei sein möchtest, all die Situationen, die dir immer wieder begegnen, all die Begrenzungen, in denen du dich selbst und andere gefangen hältst. Und wisse, dass die Bewusstwerdung sehr wichtig ist. Nimm dir genügend Zeit, damit du das Ritual in Ruhe vollenden kannst.

Nun beginne mit deinem Reinigungsritual und deiner Befreiung von Begrenzungen.

Bereite den Raum vor, indem du ihn räucherst und einen warmen Duft sich entfalten lässt. Nimm für dich selbst ein reinigendes Bad. Wir haben dir hierfür das Karma-Entlastungsbad geschenkt. Entspanne dich völlig, und während du dich äußerlich reinigen lässt, betrachte dir dein Leben in all seinen Facetten, mit allem, was du für dich in deiner Selbstfindungsarbeit herausgefunden hast. Dann beginne damit, Mitgefühl mit dir selbst zu empfinden. Mit-

gefühl mit deinem Nächsten, so gut es dir heute möglich ist. Du kannst mich jederzeit hinzubitten, dir zu helfen, dieses Mitgefühl in dir anzuregen. Sobald du spürst, dass du weitergehen möchtest, begib dich hinaus aus deinem Bad und notiere dir jeden Punkt von deiner großen Liste auf einem gesonderten Blatt. Für jeden Punkt, von dem du dich befreien willst, nimm ein extra Blatt.

Stelle dir in deinem vorbereiteten Raum eine feuerfeste Schale und eine rote Kerze zurecht. Es wäre gut, den ganzen Raum in Kerzenlicht zu tauchen und alles elektrische Licht zu löschen. Breite alle deine Zettel auf diesem Tisch aus, sodass du sie bequem und leicht greifen kannst.

Begib dich in deine Meditation, nachdem du deinen Raum vorbereitet hast, und rufe Saint Germain und all die anderen Wesenheiten, die bei dir sein wollen, wie in der Einweihung beschrieben. Rufe zusätzlich die Hüter des Elements des reinigenden Feuers.

Wenn du fühlst, dass Saint Germain dir ganz nahe ist, kannst du auch Erzengel Zadkiel und/oder Lady Amethyst anrufen oder ihre Anwesenheit wahrnehmen. Auch ich werde meistens anwesend sein. Lausche der leisen Stimme, die dich leitet, und lass dich von den Worten, die du empfängst, erreichen. Schildere Saint Germain oder einem von uns, die wir dem violetten Strahl dienen, deinen Mangel, der dein Leben und dein Licht begrenzt, und empfange die Botschaft, dass es dir erlaubt ist, dich bewusst hier und jetzt von dem Karma zu befreien, das du heute bereit bist zu entlassen. Wenn du das klare JA in dir spürst, dann bitte darum, die violette Flamme der Transformation erscheinen zu lassen, damit du dich heute befreien kannst, um für deinen höheren Dienst an dir selbst und an der Menschheit frei zu sein.

Betrachte, wie die violette Flamme sich vor dir entfaltet, und wenn du spürst, dass sie in dir und um dich herum lodert und flammt, dann öffne deine Augen, doch verbleibe in deiner meditativen Stimmung.

Nimm dann jeden deiner Zettel einzeln in die Hand. Nutze die Stimme deines Körpers und erkläre laut und deutlich, warum du was und wie bedauerst. Dann bitte die Elemente des Feuers, diesen alten Schmerz, den du nun loszulassen bereit bist, JETZT für dich in Licht und Wärme zu verwandeln. Bitte dich selbst um Vergebung und/oder andere Menschen, Wesen, Pflanzen, Steine, oder was immer beteiligt war, und versuche, so viel Mitgefühl, wie dir jetzt möglich ist, für dich und den/die Beteiligten zu empfinden.

Dann fühle in dich hinein und werde dir gewahr, an welcher Stelle deines Körpers oder Ätherkörpers dieser Schmerz dich quält. Wenn du diesen Ort spürst, entzünde diesen kleinen Zettel an deiner Kerzenflamme und lege ihn auf die feuerfeste Schale. Betrachte, wie er verbrennt, schließe deine Augen und ziehe den Schmerz mit deinen physischen Händen aus deiner Aura, deinem Herzchakra, oder aus der Stelle, an der dieser Schmerz sitzt, heraus. Mache die Bewegung mit deinen Händen. Tue es ganz bewusst, als würdest du wirklich etwas herausziehen. Während du ziehst, atme den Schmerz aus in die violette Flamme und sprich laut: ICH BIN FREI DAVON. Ich vergebe mir selbst und danke für dieses Geschenk, das ich mir gemacht habe.

Halte nach jeder Befreiung deine Hände in die violette Flamme, die immer noch um dich herum wirkt. Du brauchst das Bild der violetten Flamme nicht aufrechterhalten. Sie wurde gerufen und ist versiegelt, bis sie von Saint Germain am Ende dieser Befreiungsmeditation wieder in die himmlischen Höhen zurückgesandt wird, aus der sie zu dir herabgestiegen ist.

Wiederhole diesen Vorgang mit jedem kleinen Zettel, den du zuvor geschrieben hast.

Wenn alle deine Zettel verbrannt sind, du dich also von allem und jedem ganz bewusst und in reiner Absicht befreit hast, dann schließe erneut die Augen und erlaube Saint Germain, dich nochmals in die violette Flamme zu hüllen. Es kann auch Zadkiel, Amethyst oder ich, Kwan Yin, sein, der/die dich begleitet. Nimm einfach an, was dir geschenkt wird.

Lass dich vom violetten Licht durchfluten, durchströmen und atme aus, atme immer wieder tief durch die Nase das violette Licht ein und lass den Atem durch deinen geöffneten Mund wieder nach außen strömen.

Spüre, wie sich die Reinigung vervollständigt. Lass dich gleiten und führen. Spüre dich.

Und nun nimm einen leichten, gleichmäßigen Atemrhythmus an. Verbinde dich über deine Füße mit Mutter Erde. Lass die Kraft von Mutter Erde in deine Füße strömen und sich in deinem Herzen mit der violetten Flamme vereinen. Lass diese wunderbare Energie über deine Arme in deine Hände strömen. Halte die Hände mit den Handflächen, die in den Raum zeigen, vor deine Brust und sende diese wundervolle Energie über die Erde. Lass deine Liebe jetzt ausströmen aus deinen Händen und alles reinigen, was in deinem Umfeld, in deiner Straße, in deiner Stadt und, wenn DU magst, noch weiter geheilt werden möchte.

Bringe dann deine Handflächen aneinander wie zu einem Gebet, versiegle das Licht in deinen Handflächen und fühle ein klares Licht von oben auf dich niederströmen, das dich voll und ganz durchflutet. Jede Stelle in deinen feinstofflichen Körpern und in deinem physischen Körper, an der durch deine Befreiung noch Hohlstellen sind, wird nun ausgefüllt mit diesem heilenden Licht, das, durch Metatron und Miranlaya gelenkt, direkt aus der Quelle auf dich niederströmt. Atme das Licht durch dein Kronenchakra deinen Lichtkanal entlang, und von außen durch deine gesamte Hautoberfläche in dich ein. Fühle dieses Licht, werde dieses Licht, und dann… SEI dieses Licht!

Lass nun einen Ton des Dankes an deine Seele und an die Helfer deiner Befreiung in dir aufsteigen und aus deiner Kehle in die Welt klingen.

Das Werk ist vollendet. Du bist nun völlig frei von den karmischen Verstrickungen, die du in diese Sitzung eingebracht hast, und von denen du frei sein wolltest. DU BIST FREI, und wir lieben dich!

Metatron und Miranlaya ziehen das Licht sanft wieder zurück, und auch Saint Germain nimmt die violette Flamme zurück in ihr Reich, in dem sie zu Hause ist.

Fühle deine neue Freiheit und gehe zurück in deinen Alltag, wenn du bereit bist, deine Augen zu öffnen und wieder ganz im Hier und Jetzt zu sein.

Und nun, geliebte Schwester, geliebter Bruder, freue dich, denn mit dieser Karmabefreiung bist du in der Lage, dich jeden Tag von allem neu angesammelten Karma zu befreien. Es ist nicht leicht, ohne all dieses durch dein Leben zu gehen, doch je bewusster du wirst, desto seltener wirst du dieses Ritual für dich durchführen müssen. Es ist das Einzige, was es zu lernen gilt: Achtsamkeit und Be-

wusstheit in allen Lebenslagen. Je mehr du dieses trainierst, indem du jeden Abend deinen Tag Revue passieren lässt und dich befreist von neuen Lasten, desto schneller und leichter wird sich dein Aufstieg gestalten. Je freier du wirst, desto mehr wirst du zum Magneten für deine Umwelt und bringst durch dein Heilsein Heil in das Leben aller, die du berührst.

So lass mich nun Lebewohl sagen und wisse: Ich bin bei dir, wann immer du nach mir rufst.

In göttlicher Liebe segne ich dich.
Kwan Yin

Wenn du die Einweihung in die Violette Flamme erhältst und sie in Verbindung mit Meditation und Visualisierung nutzt, wirst du deinen Umwandlungs- und Aufstiegsprozess unweigerlich beschleunigen.

☆☆☆☆☆

Sananda

Für heute sei der Welt ein Licht

Geliebte Brüder und Schwestern,

im Geist der Quelle, die in uns allen wohnt, grüße ich euch und freue mich, wieder unter euch zu weilen. Ich bin Sananda, und ich verkünde das Licht in mir, um es in dir zum Klingen zu bringen.

In vielen Zeiten des Wandels waren wir gemeinsam im Leben vereint. Und mir ist es eine große Freude, so vielen von euch heute wieder so nahe zu sein wie zu Zeiten, in denen wir das Lager und den Tisch miteinander teilten.

Ruhe sanft in der Gewissheit, dass du erwählt bist und zur Freude des Lebens einen Tanz der Heiligkeit in dir entfachen darfst. Die Freude in unseren Dimensionen, in denen wir dich in der Nacht empfangen, ist die Freude, die du so oft in deinen Tag mit hineinnehmen darfst. Und doch bist du morgens oft traurig und weißt nicht warum. Das ist so, weil du in deinem Tagesbewusstsein vergisst, was du des Nachts gesehen und gewirkt hast.

Und weil du vergisst, möchte ich dich heute an die Dinge erinnern, die in Wahrheit in dir verborgen liegen und dem Alltag nicht standhalten können. Wenn der Schlaf in der physischen Welt dein Tagesbewusstsein auslöscht, dann ist der Zeitpunkt gekommen, an dem du zu uns zu-

rück nach Hause kommst. Viele von euch gönnen sich selbst diese Phase der Freude nicht, weil sie glauben, die Erde heilen und retten zu müsse, weil es so viel Elend gibt auf eurem Planeten, den auch ich von Herzen liebe. Oder ihr fühlt euch unwürdig, weil ihr wieder einmal glaubt, im täglichen Leben gefehlt zu haben. Daher rühren so viele Schlafstörungen unter Lichtarbeitern oder Symptome, die ihr nicht einordnen könnt.

Die Selbstbestrafung ist unter so vielen von euch noch immer ein höchst beliebtes Mittel, möglichem Karma zu entfliehen. Doch das ist Unwissenheit, denn diese Entgleisungen, diese Rückfälle in alte, ungeliebte Gewohnheiten, von denen ihr glaubt, dass sie euch unwürdig machen, zeigen doch nur, wie unwichtig es im Grunde ist, dass ihr etwas seid, was ihr nicht sein könnt.

Warum, fragst du? Nun es ist ganz einfach: Weil deine Seele nicht so sein will. Daher können wir es nicht oft genug wiederholen, weil es für euch das Schwierigste auf Erden zu sein scheint: LIEBE DICH SELBST, als den Ausdruck Gottes/der Göttin, der oder die du in deiner Rolle auf Erden bist.

In der Nacht, wenn wir gemeinsam in unseren Reichen der Glückseligkeit sind, weißt du das. Viele wollen dann wissen: „Sananda, wie hast du es geschafft, als du in der Gestalt des Jeshua auf Erden weiltest?“

Ich will euch daher einige Dinge davon für euer Tagesbewusstsein erzählen.

Auch ich war ein Kind wie ihr. Doch in mir brannte ein Feuer nach Wissen und Wachstum. So habe ich mein noch sehr junges Leben den Studien gewidmet, wie ich das Licht in mir finden und aus mir heraus strahlen lassen kann, um der Menschheit ein Licht und ein Heilbringer sein zu können. Und eins habe ich damals verinnerlicht, was meine gesamte Inkarnation dahingehend verwandelt hat, dass ich ein Träger und Übermittler der Christusenergie auf Erden sein konnte. Ich wurde zum wahren Sohn aus der Quelle im Körper eines Menschen.

Das könnt auch ihr, ich sagte es euch vor langer Zeit. Nicht umsonst sind so viele heute wieder hier auf Erden, die sich mir sehr verbunden fühlen, denn bereits damals waren so viele von euch an meiner Seite. Wenn du meinen Ruf vernimmst, dann sei gewiss, dass wir ganz besonders dieses Leben gemeinsam verbracht haben und du dich erinnerst, was es heißt, wenn ich sagte: „Am Ende der Zeit werde ich zurückkehren in eure Mitte.“

Nun: Ich bin hier – oder etwa nicht?

Ich habe gelernt, wie ich mein Selbst von jeglichem Karma befreien kann, um dann ohne Schuldenlast durch das Leben zu gehen. Diese Gnade wird euch heute auch wieder zuteil, auf einer viel breiteren Ebene. Einen Weg hast du hier auf diesen Seiten gefunden. Sei gewiss, wenn du diesen Weg in reiner Absicht und Selbstermächtigung gehst, dann bist du frei. In diesem Zustand der Freiheit kannst du dein Licht in dir erweitern und aus dir heraus strahlen lassen. Dann erst bist du ein wahrer Heiler für die Menschheit.

Du musst dazu nicht besonders sanft und „heilig“ sein, denn diese vorgetäuschte Heiligkeit vieler Lichtarbeiter ist mit nichts anderem als mit Scheinheiligkeit zu bezeichnen. Nein, schaue und spüre, wer du wirklich bist. Es kann nicht oft genug wiederholt werden: Sei einfach DU!

Fühle, was du fühlst, und dann lebe dich, auch wenn dich irgendein Mensch dann nicht mehr mag. In dem Augenblick, in dem du dich in freier unbelasteter Seelenqualität erfahren hast und diese dann zum Ausdruck bringst, hast du deinen Aufstieg zurück zu einem Wesen des Lichts bereits gemeistert.

Und dann folge der Überschrift dieses Kapitels: Für HEUTE sei der Welt ein LICHT!

Nichts anderes zählt. Grüble nicht, ängstige dich nicht, ob du all das aufrechterhalten kannst. Nein, es ist nicht wichtig. Wichtig ist, dass du es heute kannst. Und dann jeden neuen Tag wieder von Neuem. Bringe ehrlich, authentisch, wahrhaftig und voller Selbstermächtigung dein Sein zum Ausdruck. Dann, und nur dann, bist du der Gott, die

Göttin, wie du dich in der Quelle geträumt hast und dich wünschst. Denn du selbst bist Teil der Quelle. Laufe nicht länger vor deinem eigenen Licht, deiner wahren Identität davon, sondern sei das Licht, das du sowieso schon bist.

Geliebte, Geliebter, es geht nicht darum, so viel wie möglich an Wissen anzueignen, noch ein Buch zu lesen oder dir hier oder da die Bestätigung zu holen, ob du auf dem rechten Weg bist, wie es immer wieder an uns herangetragen wird. So lange du deinem Weg folgst, und deine Seele in dir sagt es dir, wirst du getragen und sanft zu deiner höchsten Bestimmung geführt.

Wenn du die Übungen, die dir hier in diesem Buch angeboten werden, kontinuierlich durchführst, deine Karmabefreiung immer wieder erbittest, denn du wirst noch eine ganze Zeit lang neues Karma ansammeln, bis deine Heiligkeit mehr und mehr zu deiner Hauptnatur erwachen kann, dann ist dein Aufstieg unaufhaltsam. Und du wirst mit jedem Tag mehr zum wahren Heilsbringer für die Menschheit.

Natürlich wird es Menschen geben, die dich deswegen verurteilen, über dich lachen oder reden. Wer von uns hat das nicht erfahren? Doch das ist dann wieder deine Möglichkeit zu erkennen, dass diese Teile der Quelle neben dir einen anderen Weg erfahren als du. Verzeihe ihnen in Liebe und gehe weiter zu den Menschen, die deine Energie erfahren und teilen wollen. Lerne, lebe, liebe, lehre und bringe das Licht in deinen Radius, innerhalb deiner Familie, deiner Nachbarn und wo immer du dich bewegst.

Wenn du Hilfe benötigst, dann sei gewiss, sobald du uns rufst, stehen wir dir zur Seite. Das gilt für alle und für jeden Einzelnen, der der Erde in diesen aufregenden Zeiten bei ihrem Aufstieg behilflich sein will. Nimm deine Selbstermächtigung in Besitz, meine Schwester, mein Bruder, und die göttliche Macht wird dich zu einem Anziehungspunkt der Liebe machen.

Um dich zu erinnern: Bitte deine Seele, dich ab sofort morgens immer mehr erinnern zu lassen, was du des Nachts in den Weiten der Aufstiegsebenen erfahren hast. Du hast einen festen Platz in unseren Reihen. Vielleicht erinnerst du dich zuerst einmal an die Räumlichkeiten, bevor du dich an die Inhalte des Wissens erinnern willst, die wir dich erinnern lassen. In dem Augenblick, in dem du dich erinnerst, an welchem Platz du gesessen – es ist dein Platz –, wer neben dir oder dir gegenüber gesessen hat, kannst du das gesamte Geschehen neu verfolgen.

Und noch einmal: Lass ab von der Bemühung, besonders gut zu sein, bemühe dich nicht, besser zu sein als du bist. Denn so lange du dieses versuchst, bist du in der Bewertung. Für dich ist es jetzt an der Zeit, die Bewertung fallenzulassen und dich für das zu lieben, was du bist. Alles, was du bist, ist die Summe der Erfahrungen deiner Vergangenheit. Indem du dich selbst ablehnst, lehnst du alles ab, was du als Erfahrung für die Seelenebene erschaffen hast. Nimm an, was du geschaffen hast, erkenne deinen Ist-Zustand, und dann bewege dich auf das Licht in dir selbst zu, und zwar so, wie du JETZT bist. In Anerkennung deines Seins, deines Schaffens, deines Erschaffens und deines Werdens auf Erden.

Das bedeutet nun nicht, alles für gut zu befinden, so lange du dieses nicht in dir fühlst, denn ihr lebt nun einmal auf einem Planeten, der nicht nur das Gute, sondern auch das Böse präsentiert. Das ist das Spiel der Dualität. Doch innerhalb der Dualität das Urteil aufzugeben, das ist göttlich inspiriertes Sein. Im Augenblick der Erkenntnis, dass die Dualität geschaffen ist, um in dir das Licht zu finden, auch in der dunkelsten Stunde des Seins, bist du angekommen, alles als Teil des großen Plans der Schöpfung zu lieben. Diese Liebe findet immer dann statt, wenn die Seele die Erkenntnisphase durchschritten und das Leben als Ausdruck des vollen Lebens erfahren hat. Darum erkenne dich selbst an als meine Schwester, als meinen Bruder, der und die du in Wahrheit bist.

Und nun bestätige mit lauter und kraftvoller Stimme aus vollem Herzen:

„Der Vater, die Mutter, Göttin, Gott und ich sind EINS! Ich bin die Göttin. Ich bin Gott.“

In Liebe verabschiede ich mich nun von dir und freue mich auf die Nacht, in der wir uns wiedersehen. Bitte deine Seele vor deinem Schlaf, dich an deine Erfahrung erinnern zu lassen.

In brüderlicher und lichtvoller Verbundenheit schenke ich dir meinen Segen.

Sananda

☆☆☆☆☆

EL Morya

Der Aufstiegsweg

Willkommen in dieser aufregenden Zeit des Aufstiegs, der Selbsterkenntnis, der Selbstliebe und der Selbstermächtigung. Ich bin El Morya, und möchte euch von der Zeit, in der ihr zu leben euch erwählt habt, sprechen.

Der große göttliche Plan des Aufstiegs eines ganzen Planeten hat begonnen, und wir, eure Brüder und Schwestern der Aufstiegsebenen, stehen bereit, diesen wundervollen Planeten in seiner Ganzheit als Körper, Geist und großartiges Seelenwesen auf diesem Weg zu begleiten.

Erkennet, geliebte Freunde, dass wir jeden Einzelnen von euch darin unterstützen, der Erde ein Licht zu sein, wenn du nur deinen Fokus darauf ausrichtest, mit deinem Sein einen Beitrag am globalen Aufstieg zu leisten, der in voller Entfaltung ist.

Wie du deinen Fokus auf dein Wachstum richten kannst, hast du in diesem Buch erfahren. Es ist ein Weg der Selbsterkenntnis, und daran anschließen kann sich dann deine Selbstermächtigung.

Mehr als zu allen anderen Zeiten in unserer Geschichte des Seins der Funken der Göttlichkeit auf diesem Planten erfahren wir eine Erhöhung der Energien, die viele von euch ebenfalls bemerken. Um mit diesen Energien zu schwingen, deine eigene Energie auf diese Stufe zu transformieren, ist deine Selbstermächtigung ein wichtiger und grundlegender Aspekt. Du vernimmst immer wieder den Weckruf, der in so vielen Dingen, Worten und Menschen verborgen liegt. Immer wieder bist du auch dem einen oder anderen Weckruf gefolgt, und doch fragtest du dich vielleicht so oft: „Warum geht es nicht wirklich weiter?"

Wenn du dann erkanntest, dass all dein Suchen, Arbeiten und Weitergehen ins Stocken geriet, dann gelangtest du manches Mal an den Ort des Zweifels, an den Punkt der Selbstverneinung und an den Ort des Aufgebenwollens. Doch heute, geliebte Wesenheit, erkenne, dass da vielleicht nur einige alte Gelübde, Versprechungen, Bindungen und Schwüre sind, die dich von deiner wahren Kraft entfernt halten. Viele von euch erfahren, was auch ich in meinen Inkarnationen erfahren habe: die Angst vor der eigenen Macht, die Befürchtung, dass irgendetwas Schreckliches geschehen könnte, wenn du deine Macht über dich selbst beanspruchst. Natürlich haben die meisten von euch in anderen Leben Macht über andere besessen und diese missbraucht. Bevor du dich erneut inkarniertest, hast du jedoch versprochen und dir fest vorgenommen, dass dieses nie wieder gesehen soll und du diesen Mangel erlösen willst. Daher rührt bei so vielen unter euch geliebten Wegbereitern des globalen Aufstiegs die Angst vor der Macht, und damit natürlich auch vor der Selbstermächtigung.

*Hinzu kommt, dass das Wort **Macht** in eurem Sein einen negativen Touch erfährt. Der Begriff **Macht,** und damit auch die Selbstermächtigung, ist kollektiv negativ belegt. Doch es gibt nichts, was wunderbarerer wäre, als die Macht über sich selbst zu ergreifen und dann in dem Bewusstsein der Selbstermächtigung der Menschheit ein Licht zu sein. Das ist die Freiheit, die du dir in deinen Träumen ersehnst.*

Auch ich hatte diese Phasen der Angst vor meiner eigenen und der Macht über mich selbst in meinen Erdenleben. Nachdem ich sie in vielen Selbsterkenntnisprozessen erfolgreich erkannt und gemeistert hatte, durfte ich endlich meinen Aufstieg antreten. Hier, in unserer Ebene, wurde ich zum Aufgestiegenen Meister des Strahls der Macht und der Selbstermächtigung ernannt. An dieser meiner Erkenntnis und meinem eigenen Wachstum möchte ich dir heute aufzeigen, dass auch du in deine Selbstermächtigung treten kannst. Darum wollen wir zuerst einmal definieren, was Selbstermächtigung heißt und welche Bedeutung der Selbstermächtigung, der Macht über dich selbst, beigemessen werden kann.

Selbstermächtigung heißt, dass du ab sofort die volle Verantwortung für alles übernimmst, was dir begegnet und du erfährst. Weiterhin, dass du den Weg gehst, den dein wahres Selbst dir aufgibt, und dich von nichts und niemandem „da draußen“ abbringen lässt. Diesen deinen wahren Weg hast du erkannt, wenn du zum Beispiel die Aufgaben dieses Buches im Selbststudium und in voller Selbstbevollmächtigung vollzogen hast.

Nun gilt es zu erkennen, an welchen Punkten deines Lebens du diese neu gewonnene Freiheit der Macht über dein niederes Selbst immer wieder an andere Menschen oder Wesenheiten abgibst. Denn dieses ist der karmische Knoten, der dich daran erinnern möchte, dass du vor dieser deiner Inkarnation gewählt hast, dieses Mal dein Karma endgültig aufzulösen. So lange du immer wieder vor deiner eigenen Macht fliehst und den Rückzug antrittst, ist Aufstieg nicht möglich. Daher merke dir: Der erste Schritt zur Selbstermächtigung ist Achtsamkeit in Bezug auf dein Verhalten im Umgang mit anderen Menschen und Situationen. Wenn du diese Achtsamkeit lebst und deinen Rückzug erkennst, dann kannst du dich in einer ruhigen Stunde mit dem Geschenk der violetten Flamme und der anschließenden Befreiung deines erkannten, selbst erwählten Karmas davon befreien.

Wir erfahren spannende und wunderbare Zeiten, auch wenn es für euch oft sehr düster in diesem Leben auf der Erde aussehen mag. Die Wandlungen auf Mutter Erde sind unübersehbar, du weißt es längst in deinem Herzen. Bereits zu meiner Zeit auf Erden erwarteten wir den großen Wandel der Dimensionen, und nun ist es endlich soweit. Freue dich, dass du diesen Wandel erleben darfst. Darum sind so viele Meister und Engelwesen auf Erden zu euren Freunden geworden, denn diese Phase zu bestehen, ist ein großes Anliegen aller Dimensionen der Freiheit und Liebe. Und doch stehen wir nur dann bereit, wenn du als Einzelwesen deinen Einsatz auch lebst, anstatt nur darüber zu reden, wie es in den Kreisen „moderner Esoteriker" so oft geschieht.

Wisse, dass in diesen Zeiten nichts wichtiger ist, als Unterstützung für den Planeten Erde zu erlangen, und dieses Ziel zu erreichen ist der wahre Grund deiner Inkarnation auf der Erde in dieser erregenden Zeit. Wir erkennen die Wahrheit hinter deinen Worten, denn du leuchtest für uns als ein Licht unter Lichtern. Je mehr Liebe und Selbstliebe du verströmst, desto klarer und heller erstrahlt dein Licht in unseren Sphären.

Es ist nicht wichtig, was du sagst, denn wir erkennen die Wahrheit hinter deinen Worten. Es ist wichtig, was du in lichtvoller Absicht willst und tust. Je mehr dein Fokus auf den Aufstieg für alle Wesen auf dieser Erde und auf Heilsein für die ganze Menschheit gerichtet ist, desto klarer scheint dein Licht zu uns, sodass wir erkennen, wer von euch Menschen in seinem Sein unterstützt werden darf. Die Erkenntnis, wer nun dieses Licht, das alle Wesen auf dieser Erde so dringend benötigen, verbreitet, kommt automatisch mit deiner Selbstermächtigung.

Begib dich in deine Selbstermächtigung und sei gewiss, dass du mit dem Heilwerden deinem Aufstieg entgegengehst. Gleichzeitig wirst du andere mit deinem neu-

en Sein und mit der Kraft, die deine Selbstermächtigung durch dich strahlen lässt, andere Menschen berühren, die deinen Lebensweg kreuzen, und deren Energie erheben. Damit ist alles getan, was deine Aufgabe bedeutet. Sei heil, und heile andere allein durch dein Vorbild und mit deiner Ausstrahlung.

In Liebe und Verbundenheit,
dein Bruder El Morya

☆☆☆☆☆

Ezechiel

Ein Wort an die Frau und die Frau im Mann

Die Göttin trifft Gott

Der Quelle zum Gruße, ihr Geliebten. Ich bin Ezechiel. Ich begrüße und beglückwünsche euch. Sehr viele von uns haben lange Zeiten auf eurer Ebene verbracht, und wir freuen uns, wenn ihr beginnt, die irdischen Freuden und das irdische Leben aus reiner Seele zu feiern. Denn für eure seelische und geistige Verwirklichung in eurer Sphäre ist es sehr wichtig, dass ihr eine gesunde Einstellung zur Materie, zu euren Körpern und zu euch selbst bekommt.

Die Frauen dieser Erde sind endlich auf dem Weg, ihr Frausein zu mögen. Frauen, ihr dürft aufhören, ein besserer Mann sein zu wollen! Denn das, was Mann in vielen Zeiten als Mann repräsentiert hat, ist nicht ureigentlich der Mann gewesen, sondern niederes Ego unter Abwesenheit der Göttin.

Du geliebtes Sein auf dieser Erde kannst aufhören, deine göttlichen Gefühle zu unterdrücken. Du darfst beenden, dein Frau-Sein zu verurteilen. Das ist wundervoll, darum beginne gleich heute damit.

Ihr Frauen dieser Erde, Ausdruck der Göttin, habt har-

te Kämpfe um Gleichheit ausfechten müssen. Doch diese Zeiten sind in den westlichen Kulturen vorbei, und ihr könnt euch wieder eurer Weichheit und Kraft bewusst werden. Ihr werdet in der kommenden Zeit mehr und mehr erkennen, wie wunderbar und kraftvoll eure Weiblichkeit ist, wenn ihr sie nur erst wieder zulasst. Sie ist der schönste und kraftvollste Aspekt, den ihr jetzt anzuerkennen beginnen solltet. Und auch der Mann auf eurem Planeten ist gefordert, mehr und mehr seine weibliche Seite zu erforschen und die Göttin im Mann zum Leben zu erwecken.

Bisher regierte der Geist. Doch Geist ohne Seele ist ohne Liebe. Geist ohne Seele hat die Tendenz, Macht über andere ausüben zu wollen, um diese verdrängten Anteile nicht wahrzunehmen. Die Göttin wurde abgeschafft und die Polarität auf einem Pol des Animus über viele, viele Äonen hinweg bedient. Alles hat seinen wohlgeordneten Sinn. Und somit ist auch die Seele, die so lange Jahre eine Nebenrolle einnahm, ja, der Frau sogar abgesprochen wurde, auf dem Weg, die gleiche Ebene mit dem Geist einzunehmen. Der Geist kann sich ohne Seele nicht verwirklichen, und die Seele kann ohne Geist nicht wirken. Dies ist der wahre Sinn der so genannten Gleichberechtigung. Gott und Göttin müssen sich wieder vereinigen, in jedem Mann, und in jeder Frau, um die Einheit des Seins zu erfahren.

Jeder von euch, der in einer abstinenten Zeit lebt, sich allein und einsam fühlt, vielleicht auf der Suche nach einem Partner ist, erkenne: Es ist gesund, eine Zeit lang alleine zu leben, denn du kannst damit aufhören, dich mit anderen Menschen von dir selbst abzulenken.

Das ist auch ein Grund für das heute so modern gewordene Single-Dasein. Nur leider verpassen so viele die Zeit, wenn der neue Partner bereitsteht und wartet. Und doch, so „modern" ist dieses Dasein gar nicht. Es taucht nur verstärkt auf in eurer Zeit. Immer schon gingen Menschen in die Stille, wenn sich eine Entwicklung der Seele vollzog. Der Moment, aus dieser Stille auszubrechen, ist dann gekommen, wenn die Sehnsucht nach einem anderen Menschen an deiner Seite stärker ist als der „Freiheitsdrang".

Es wird notwendig, das andere Geschlecht zu akzeptieren, zu respektieren und in dir selbst zu integrieren.

Frauen, beginnt damit, Männer als Menschen mit Seele zu erkennen, und Männer, tut das Gleiche mit Frauen. Gesteht der Frau die gleiche Kraft und Intelligenz zu, die ihr für euch selbst in Anspruch nehmt. Erkennet, dass ihr dem anderen Geschlecht nichts mehr schuldig seid. Nur so wird es möglich, dass Menschen in verschiedener körperlicher Gestalt wahrhaft liebevoll und freundschaftlich miteinander sind. Denn eure äußere Form ist doch nur Illusion. Wohl aber ist sie Ausdruck dessen, welcher Teil der Gottheit in euch das Leben erfahren will.

Du hast vielleicht bereits gelernt, Männer und Frauen als ***Menschen*** *zu sehen, und denkst nun nicht mehr, dass* *du dem anderen Geschlecht irgendetwas schuldig bist. Merkst du, wie locker und frei dein Umgang mit dem anderen Geschlecht sein wird, wenn du dich selbst mehr liebst?*

Du lernst jetzt endlich, verstärkt du selbst zu sein, und stellst doch immer wieder mit Erstaunen fest, dass gerade deswegen die Männer und Frauen in deinem Umfeld dich als Freundin, als Freund, mögen und schätzen, weil du ihnen keine Rollen mehr vorspielst, die dir nicht gehören. Wisset, Geliebte, dass auch männliche Wesen diese feinen intuitiven Antennen besitzen, die ihr meist nur den Frauen zugesteht. Auch ein Mann bemerkt, wenn du nicht du bist, so, wie eine Frau ebenso der logischen Denkweise fähig ist, wie ein Mann auf Erden dieses für sich beansprucht. Und das zu erkennen ist für deinen weiteren Weg als Ausdruck der Vereinigung der Göttin und des Gottes in dir ein wichtiger Schritt.

Viele Frauen auf Erden konnten die Stärke der Weiblichkeit, der Mütterlichkeit nie erfahren, als sie noch ein besserer Mann sein mussten und es deswegen sein wollten. Nur weil du, Frau auf Erden, verletzt bist in deinen Gefühlen, die dein Frausein, deine wahre STÄRKE, in vielen, vielen Inkarnationen untergraben haben, heißt das noch lange nicht, dass DU nicht ein Abbild der Göttin bist.

Gerade jetzt beginnst du, die Göttin in dir wiederzufinden, und wirst bald mit Erstaunen feststellen, dass es wundervoll ist, eine starke Frau zu sein. Du bist jetzt so weit gereift, dass es dir möglich ist, die Macht über Männer, die dir dein Frausein gibt, nicht mehr zu missbrauchen, so, wie in vielen anderen Leben zuvor.

Erkenne, dass Frausein Stärke bedeutet. Die wahre Kraft und Führerschaft liegt in der Frau und nicht im männlichen Aspekt der Schöpfung begründet. Ohne die Göttin könnte Gott nichts erschaffen. Ohne die Göttin ist Gott machtlos und unfähig, die Schöpfung zu gestalten. Der Gott, den eure Religionen erschaffen haben, ist der Gott ohne Göttin. Und wie ist er? Ein einsamer, störrischer, machtbesessener Mann, der den Menschen jegliche Entscheidungsfreiheit nimmt. Doch das ist nicht Gott! Gott ist Gott und Göttin in vollendeter Synthese. Gott begründet die Schöpfung, und die Göttin vollendet sie. Aus diesem vollkommenen Zusammenspiel entsteht der Sohn von Göttin und Gott: ein Kind der Liebe. Um Missverständnissen vorzubeugen: Der Sohn ist zugleich Tochter. Er ist geschlechtsneutral. Er steht für die Materie, die Schöpfung.

Das Gesetz besagt: „Wie im Kleinen, so im Großen“ – „Wie oben, so unten“. So, wie hier der Mann den Samen legt und die Frau die Schöpfung erschafft und in die Welt bringt, so geschieht Schöpfung auf allen Ebenen des Seins in allen Universen. Gott denkt, die Göttin erschafft. Ohne den Mann ist die Schöpfung des neuen Lebens nicht möglich, und ohne die Frau ist der Mann machtlos in seinem weiteren Erschaffen. Dies zu erkennen lässt dich vor dem großen Aspekt deines Gegenübers Demut empfinden.

Achte auf dich, Seele, dass nicht genau der Mann oder die Frau, dem/der du deine Zuneigung schenkst, diese zarte, wieder erwachende Seite in dir zerstört. Du wolltest bisher um Männer, um Frauen und um Macht über dich oder andere kämpfen. Erkenne, dass diese Zeit notwendig war, damit du deine Konsequenz ziehen und dein Durchsetzungsvermögen schulen konntest. Jedoch hast du durch dieses Verhalten viel Leid und Schmerz an dich gezogen, und der Kampf gegen die Liebe, die du wirklich bist, machte dich oft hart in deinem Sein mit anderen.

Dies gilt heue auch für sehr viele Frauen auf eurem Planeten. Doch Härte schreckt jeden Menschen ab. Sie zeigt jedem anderen Menschen einen ungeliebten Spiegel. Du warst vielleicht stolz auf deine Fähigkeit, alles zu erreichen, was du wolltest, stolz darauf, unabhängig und emanzipiert zu sein, niemanden zu brauchen; und fühltest dich im Grunde deines Herzens einsam. Doch erkenne, dass du so handeln musstest, um zu erkennen, dass Willenskraft, mit der Seele gelebt, alles erreicht. Dieser Weg schulte deine Erkenntnis, dass du die Schöpferin, der Schöpfer bist.

Nun gilt es, die Göttin, die Erschaffende, Bewahrende, Erhaltende zu integrieren. Du warst in vielen Leben die Starke, die Verführerin, die Misshandelte, die Schwache. Du bist den Weg der ersten Frau auf Erden noch einmal gegangen. Doch jetzt kommt die Zeit, in der du als Seele in einem weiblichen Körper die Göttin auf Erden leben und repräsentieren darfst. Nun kommt die Zeit, in der du als Mann der Göttin in jeder Frau und in dir selbst die Ehre erweisen solltest, die ihrer gerecht wird. Nur so wirst du ganz, vollständig und heil in dir selbst.

Ja, ihr Frauen, ihr habt im letzten Abschnitt des letzten Jahrhunderts das negative Mannsein sehr oft und verstärkt gelebt. Und das war gut so, denn so habt ihr erfahren dürfen, dass dieses nicht der Weg einer Göttin ist. Und DU, Mann, hast dich oft in die negative weibliche Seite verloren, wurdest als „Softi“ disqualifiziert und nicht mehr ernst genommen, wenn du dich ungeschult an den Aspekt deiner Weiblichkeit erinnertest und diesen integrieren wolltest. Jetzt dürft ihr, egal, ob in einem weiblichen oder männlichen Körper, DIE Frau sein, mütterlich und bewahrend, voller Stärke, Führungsqualität und Kraft.

Die Erde braucht die Frau gerade heute. Die Erde braucht die Göttin, die jede Frau repräsentiert. Die Erde braucht die Synthese von Gott und Göttin in jedem Menschen auf dieser Erde.

Du hast gelernt, dass Ausübung von Macht schmerzhaft ist, schmerzhaft für dich selbst und für andere. Du hast auch gelernt, dass Zusammenleben aus dieser Motivation heraus unerquicklich und demütigend ist, sowohl im Geben, als auch im Nehmen. Und du hast gelernt, wie viel du selbst dir nimmst, weil andere letztlich deine Achtung verloren. So lerntest du, Frau, Männer zu verachten, und du, Mann, hast über viele Jahrtausende hinweg gelernt, Frauen zu missachten. Heute beginnst du damit, die Macht über dich selbst und dein Leben in Anspruch zu nehmen. Das war und ist das Ziel, seit die Göttin von der Erde verbannt wurde.

Dies alles gehörte zu einem Entwicklungsplan der Erde. Und darum, ihr Frauen, die ihr so fühlt, erfahret: Du bist deinem Plan gefolgt. Und darum bist du jetzt die, die du bist. Und das ist GUT so! Ihr alle lernt zu dieser Zeit in eurer Dimension, wie ihr sagt, mit Riesenschritten. Genau in dem Moment, in dem du so weit bist, die Aufgabe, zu deiner Stärke zu stehen, zu lösen, genau in diesem Augenblick wird dir ein andersgeschlechtliches Wesen begegnen, das deiner Stärke ebenbürtig ist.

Vielleicht auch deiner Dickköpfigkeit? Ein Partner, der dem Leben das Gleiche abverlangt wie du, und der/die ebenso am anderen Geschlecht gefehlt hat wie du. Auch er oder sie wird dann gelernt haben, und dann ist es euch bestimmt, eine Zeit lang gemeinsam zu lernen, vielleicht sogar, wenn ihr zu den Glücklichen gehört, die sich als wiedervereinigte Seelengefährten für alle Zeiten finden. Was ihr aus der jeweiligen Situation macht, das liegt in eurem Ermessen, in eurer freien Wahl.

Heute ist es an der Zeit, gleich starke Partner auf allen Ebenen zu finden und mit diesen weiterzulernen. Und wenn ihr dazu bereit seid, dann könnt ihr zu zweit oder mehreren unendlich viel erreichen. Denn Abwehren wird nicht mehr von Notwendigkeit für das innere Wachstum sein, wenn ihr gemeinsam lernt, euch selbst richtig und wahrhaftig zu lieben, und diese Liebe an den Partner und dann an den nächsten Menschen in eurem Umfeld weiterzugeben, und so weiter. Dann wirst du erfahren, dass genau das, was du ersehnst, in deinem Umfeld geschieht. Männer und Frauen werden dich gleichermaßen schätzen und lieben. Beginne langsam damit, dich daran zu gewöhnen, doch werde nicht übermütig, denn der Gefahr der Rückkehr des Egos kann niemand auf Erden so ganz entfliehen.

Es ist immer deine Ausstrahlung von Liebe, Geborgenheit und Ruhen in dir selbst, die diesen Zustand der Anziehung auf andere Menschen bewirkt. Bewahre ihn dir als ein Geschenk, das du dir verdient hast. Doch wisse immer, es war nicht das Werk deines niederen Egos.

Nutze die Werkzeuge dieses Aufstiegskurses. Erkenne in jedem Urteil über den anderen deine selbst gewählte Aufgabe, Gott und Göttin in dir lebendig werden zu lassen. Dann erlöse deinen Fehler. Ehre dich dafür, dass du ihn erkannt hast. Und dann gehe hin, nutze dein Befreiungsritual und gehe neu auf den anderen zu, um in ihm oder ihr dich selbst zu erkennen.

Ich bin Ezechiel.
Ich liebe dich und segne dich mit der Flamme des vollkommenen Lichts.

Nachwort der Meisterinnen und Meister

Ein neuer Zyklus des Wachstums hat begonnen. Wir senden dir Liebe, Kraft und Zuversicht für die Aufgaben, die in diesen Zeiten vor dir liegen, und grüßen dich mit dem vollkommenen Licht aus unseren Ebenen, damit du weißt: Wir sind bei dir und helfen dir, wann immer du uns herbeirufst, um dich darin zu fördern, deiner Aufgabe zu folgen, das Licht auf Erden größer werden zu lassen.

Geliebte Seele, wir freuen uns mit dir und für dich, dass du den Weg hierher in unsere Dimensionen gefunden hast. Und es ist gut für dich, um Rat und Hilfe der göttlichen Ebenen zu bitten, damit du nicht strauchelst auf dem manchmal schwierigen und doch auch so leichten Weg des Bundes.

Mutig hast du dich den Versuchungen widersetzt. Du hast die Bahnen gelegt für eine freiere, glückvollere Zukunft, indem du dich nun endlich ganz für dich selbst, für deine eigene Seele, deine eigene Liebe, deine eigene Göttlichkeit entschieden hast. Unsere Liebe und unser Segen werden dich stets begleiten, so, wie beides schon immer bei dir war.

Mit Bangen und tiefem Mitgefühl haben wir oft unsere Arme um dich gelegt, wenn du dich deinem Schmerz und Kummer ergeben hast. In vielen Momenten haben wir für dich gebetet zu unserem All-Licht und dir Kraft und Trost gespendet, damit du den Weg heraus aus der Dunkelheit des Schmerzes finden mögest, denn wir haben dein Rufen vernommen.

Voller Freude sehen wir eure wachsende Bereitschaft auf allen Seiten des Planeten, jetzt der Dunkelheit, der Unbewusstheit, dem Schein und der Scheinheiligkeit Lebewohl zu sagen und euch eurem großartigen Wachstum zu stellen. Seid sicher in der Gewissheit, dass ihr getragen seid, und dass euch nur noch Gutes widerfährt, wenn ihr nur weiterhin eurem wahren Seelenweg die Treue haltet.

Leid entsteht doch nur im Abweichen von den selbst gewählten Wegen, und die Zeit des Leidens ist für einen großen Teil der Menschheit vorbei, wenn jeder dem inneren Licht der eigenen Seele folgt und die alten Ängste besiegt, indem er oder sie sich ihnen stellt.

Lege endlich das Nicht-wert-Fühlen ab, denn das hast du nun zur Genüge erprobt.

Wir sind dankbar für die Kontakte zu eurer Ebene, denn immer dann, wenn ihr euch die Würde, das Wertsein, versagt, versagt ihr auch uns unsere Wachstumsmöglichkeiten in euch.

Wenn neue Zweifel in dir aufsteigen, und das werden sie, dann erinnere dich an unsere Gegenwart. Stelle deine Fragen, bringe deine Ängste und Sorgen zu uns, und gemeinsam werden wir einen Weg finden. Denn auch wir sind nicht länger getrennt von euch Brüdern und Schwestern auf der irdischen Ebene.

Vertraue mehr und mehr deiner Offenheit für unsere Präsenz, und du wirst nicht nur für dich neue Wege kennenlernen, sondern auch Wege für viele Menschen, die dir gesandt werden. Menschen, die noch auf der Suche sind nach dem einen Weg. Denn diesen Auftrag hast du als wieder inkarnierter Lichtarbeiter mit in diese Welt gebracht.

Arbeitet mit- und aneinander, erkenne die Widerspiegelung im anderen Menschen, der dir zur Seite steht oder dir begegnet, ohne voreinander davonzulaufen. Und mache dir immer wieder bewusst, dass ein Durchschreiten der Ängste wichtig ist auf allen Seiten. Nur im Durchschreiten und Erkennen der Illusion der Angst liegt deine wahre Befreiung. Diese deine Befreiung macht nicht nur dich, sondern dein gesamtes Umfeld frei und löst somit auch die Begrenzungen im anderen auf, sodass ihr in Freiheit miteinander sein könnt.

Findet wieder das wahre Mitgefühl füreinander, vor allem auch für euer Selbst. Und vergesst nicht über der Arbeit am Wachstum, dass es in Freude geschehen kann. Öffnet euer Herz der Freude und genießt die Geschenke des Lebens, anstatt an ihnen zu zweifeln oder gar daran, ob ihr derer würdig seid.

Ein reiches Leben liegt vor euch. Ein Leben der Transformation. Ein Leben des inneren und äußeren Wachstums. Ein Leben des Erinnerns, wer ihr wirklich seid. Die Zeit des Ausruhens, des Suchens und der Rastlosigkeit ist vorbei. Viele von euch haben gefunden, was den weiteren Weg bestimmt. Es wird ein aktives Leben werden, und aktivere werden folgen, doch weniger im Außen als im Innen.

Jetzt könnt ihr euren äußeren Erfolg im Inneren festlegen. Wenn Zweifel und Ängste euch bedrängen, dann teilt euch einem anderen Menschen mit, der euch liebt, respektiert und verstehen möchte. Denn im Dialog miteinander und mit uns werdet ihr die Kraft und den Weg immer klarer und deutlicher finden.

Schaut euch an, was im Außen fehlt, und erkennt, dass diese fehlenden Werte in eurem Inneren erschlossen werden müssen, denn im Außen kann sich nur manifestieren, was im Inneren an Seelensubstanz bereits vorhanden ist.

Eure Existenzängste sind nichts anderes als Ängste um die Existenz der Seele. Werdet euch der Größe und Schönheit, der Grenzenlosigkeit der Seele bewusst. Ihr erkennt diese am besten zuerst im Gegenüber, das ihr liebt und das euch liebt. Dann kann sich diese Grenzenlosigkeit, dieser Reichtum, der euch Wesenheiten des Lichts innewohnt, im Außen zeigen.

Versperrt euch selbst die Fluchtmöglichkeiten vor

dem herausfordernden anderen, wenn sich die Tendenz zeigt. Schaut freudigen Blickes auf die tiefen, wenn auch manchmal unangenehmen Gefühle, die auftreten, und sie werden in der Arbeit miteinander immer wieder wie ein alter Phantomschmerz auftreten. Doch je öfter ihr mit euch selbst daran arbeitet, desto seltener und weniger massiv werden sie sich bemerkbar machen.

Die Geschwindigkeit eures Wachstums bestimmt ihr selbst. Wenn ihr jedem unangenehmen Gefühl Folge leistet und es als Schatten erkennt, um diesen dann für euch zu bearbeiten, anstatt ihn zu verdrängen oder gar andere zu beschuldigen, werdet ihr von Tag zu Tag mehr wachsen. Die Verantwortung für das Selbst, für die Seele liegt in jedem einzelnen Individuum verborgen. So auch in dir!

Je mehr du dich deiner Selbstverantwortlichkeit stellst und die Verantwortung für deine eigenen Bedürfnisse, Empfindungen und Gefühle übernimmst, desto schneller kann inneres und äußeres Wachstum erfolgen. Ein Nichtwahrnehmen-Wollen der sogenannten negativen Gefühle macht auch ein Wahrnehmen der schönen, positiven Gefühle unmöglich.

Verleugne nicht länger deine Liebe und Bedürfnisse. Du verhinderst damit das Erreichen deiner lichten Identität, wenn du weiterhin rationalisierst und aussonderst, was du weitergibst. Erkenne, dass deine Gefühle vollkommene Geschenke deiner Seele sind. Geschenke für dich selbst und für andere Menschen, Wesen und die Erde. Du hast in diesem deinem Leben bereits so viele Sperren durchbrochen und beschenkst so viele Menschen, die dir begegnen, immer wieder mit dieser Energie. Halte sie nicht anderen Menschen gegenüber zurück, indem du vorher aussortierst, was deiner Meinung nach andere verletzen oder erfreuen könnte.

Wenn du dieses mit deinen wahren Gefühlen tust, verdrängst du in die Dunkelheit, was vorher bereits das Licht gesehen hat. Fühle in dich hinein, denke mit Gottes oder der Göttin Spirit in dir darüber nach, und du wirst erkennen, dass dieses die Wahrheit ist, auch wenn du in diesem Moment vielleicht anderer Meinung bist.

Es ist an der Zeit, dir deiner eigenen inneren Barrieren, deiner eigenen Begrenzungen bewusst zu werden, die von Zeit zu Zeit verhindern, dass du dich dir selbst öffnest. Es ist an der Zeit für die Hingabe an dein wahres Selbst, damit auch du die wahre, reine Liebe in dir neu erspüren kannst. Lass die Wärme, die Freude und die Liebe in dein Leben ein. Wenn du gelernt und erfahren hast, wie wundervoll deine wahre Essenz ist, kannst du sie in dein Leben integrieren und aus dir fließen lassen, zum Heil der Erde und allem, was auf ihr lebt.

Nutze die Möglichkeit der Visualisierung deiner göttlichen Bahnen bis hin zur Quelle selbst, ohne deine Eigeninterpretation. Du wirst deine dir ureigene Göttlichkeit auf diesem Weg in dir selbst wiederfinden und sie dann ins Außen tragen.

Wir erkennen deine Bereitschaft, doch auch deine Zweifel. Erkenne, es sind die Zweifel des Schattens. Trage das Licht in die Dunkelheit, und dein Leben wird strahlend und leicht sein. Erkenne deine innere Einsamkeit, wenn sie dich streichelt, und dann lass dich fühlen, wie nahe wir dir sind. Sorge dich nicht um die Zukunft. Du hast andere Menschen neben dir, die zu dir stehen, und unsere Hilfe ist dir immer sicher, wenn du nur die Hand danach ausstreckst.

Vertraue deinen Brüdern und Schwestern der Lichtebenen, denn wir lieben dich und freuen uns, wenn du unsere Hilfe erbittest und annimmst. Friede und Licht seien mit dir.

Geliebte Freundin, geliebter Freund,
große Dinge warten auf dich und auf euch. Begegnet einander, dem Tag und dem Leben mit einem Lächeln. Es ist herrlich, das Leben und die Liebe mit dir zu teilen. Wir freuen uns darauf, dich zu begleiten auf eurem Rückweg in unsere Dimensionen des Lichts und der Liebe.

So lange haben wir gewartet auf die Rückkehr unserer Freunde. Wir haben den Schmerz der Getrenntheit mit dir erfahren, die Isolation in der selbst auferlegten Verbannung vom Licht. Doch heute ist es uns und dir wieder mög-

lich, die Verbundenheit der lichtvollen Dimensionen immer mehr zu erspüren und erfahrbar zu machen. Heute sind die Türen zwischen den Ebenen passierbar geworden, sodass wir miteinander das Licht und die Liebe auf den Planeten Erde bringen können, der dessen so sehr bedarf.

Sei sicher in der Liebe zu deinem vollkommenen Ursprung! Sei dir sicher, dass du immer getragen bist! Die Kraft der Seele in das Leben zu integrieren, ist der nächste Schritt.

Willkommen im Licht!

Wir lieben dich in den Armen der Göttin!

Deine Brüder und Schwestern aus den Ebenen des Aufstiegs, in den Dimensionen des Ursprungs, der Quelle selbst.

Zu diesem Buch gibt es eine CD mit den Meditationen und der Karmabefreiung aus diesem Buch.

Für die Karmabefreiung schenkten Kwan Yin und St. Germain uns das Karma-Entlastungsbad. Dieses gibt es als Badeessenz und als Premium-Badeset.

Beides erhältst du bei der Blauen Lichtburg und im Omkara-Shop.

Blaue Lichtburg
In der Steubach 1
57614 Woldert
Tel.: 02684-97848-10
Fax: 02684-97848-20
www.blaue-lichtburg.de
info@blaue-lichtburg.de

Omkara-Verlag
Industrieweg 28
25588 Oldendorf
Tel. 04821 9578517
unter www.omkara-shop.de

Weitere Informationen erhältst du im Internet unter
www.aufgestiegene-meister.info

Eva-Maria Ammon
Metatron – Ancient-Master-Healing
Selbstermächtigung durch Selbsteinweihung
296 Seiten, A 5, gebunden, mit Leseband
ISBN 978-3-938489-63-5

Die Einweihung in deine Selbstermächtigung ist ein wundervolles Geschenk an dich, an die Erde und an die Menschheit. Erst die jetzige Zeit mit ihren erhöhten Energien macht dieses Wunder möglich, dass du wieder zu dem erwachen kannst, was du in Wahrheit bist – Licht!
Diese deine Vollkommenheit wird dir überreicht durch Metatron, Miranlaya, Sananda, Lady Nada, Lady Gaia, Lady Kwan Yin und Saint Germain.
Dieses Arbeitsbuch ist ein Buch zur Selbsteinweihung und ermöglicht dir, dich in Verbindung mit den Aufgestiegenen Meistern und Meisterinnen in die kraftvolle Energie der Quelle selbst einzuweihen.

Eva-Maria Ammon
Weisheiten und Affirmationen aus Metatron – Ancient-Master-Healing
Kartenset mit 65 Karten und Begleitbuch
ISBN 978-3-941363-14-4

Dieses Kartenset ist ein Geschenk der Geistigen Welt an uns und eine wundervolle Ergänzung zu dem Erfolgstitel von Eva-Maria Ammon, Metatron – Ancient-Master-Healing, Selbstermächtigung durch Selbsteinweihung.
Die liebevolle und dennoch kraftvolle Energie der Aufgestiegenen Meister und Meisterinnen – u.a. Metatron, Miranlaya, Sananda und Lady Nada – hilft uns, die in der Selbsteinweihung erlangten Entwicklungsschritte zu festigen und den Kontakt zur Quelle allen Seins auch im Alltag zu nutzen und zu intensivieren.

Eva-Maria Ammon
Lady Rowena – Die Kraft der Göttin in dir
Ein Heilungsbuch
248 Seiten, broschiert
ISBN 978-3-938489-43-7

Lady Rowena erinnert uns an unsere enge Verbundenheit mit Mutter Erde (Gaia), der Göttin (weiblicher Anteil der Quelle), den Kristallen und dem Universum.
Sie zeigt uns mit ihrer liebevollen Energie den Weg, wie wir das Heilsein und die Ganzheit in unser Leben integrieren und in Liebe Heilung in das Leben eines jeden bringen können.
Ein Praxis-Heilungsbuch für die Zeit der Weiblichkeit in jedem Menschen, die auf unserer Erde geschunden und verraten wurde und in uns allen neu erwachen will, damit Frieden, Liebe und Licht auf der Erde zur Wahrheit werden.